Th. Achelis
**Die Entwicklung der Ehe**

Achelis, Th.: Die Entwicklung der Ehe
Hamburg, SEVERUS Verlag 2010.
Nachdruck der Originalausgabe, Berlin 1893.

ISBN: 978-3-942382-76-2
Druck: SEVERUS Verlag, Hamburg, 2010

**Bibliografische Information der Deutschen Nationalbibliothek:**
Die Deutsche Nationalbibliothek verzeichnet diese Publikation in der Deutschen Nationalbibliografie; detaillierte bibliografische Daten sind im Internet über http://dnb.d-nb.de abrufbar.

© **SEVERUS Verlag**
http://www.severus-verlag.de, Hamburg 2010
Printed in Germany
Alle Rechte vorbehalten.

Der SEVERUS Verlag übernimmt keine juristische Verantwortung oder irgendeine Haftung für evtl. fehlerhafte Angaben und deren Folgen.

SEVERUS
Verlag

# Inhaltsverzeichnis.

|  | Seite |
|---|---|
| Einleitung | 1 |
| I. Die primitive Ehe und die primitive Geschlechtsgenossenschaft | 3 |
| II. Individuelle Ehen | 24 |
|     1. Die Polyandrie | 28 |
|     2. Die polygynische Ehe | 40 |
|     3. Die monogamische Ehe | 47 |
| III. Die Verwandtschaftsverhältnisse | 50 |
|     1. Das Mutterrechtssystem | 53 |
|     2. Das Vaterrechtssystem | 69 |
|         a) Die Raubehe | 79 |
|         b) Die Kaufehe | 86 |
|         c) Die Dienstehe | 94 |
|     3. Zwischenstufen zwischen Mutter- und Vaterrecht | 95 |
|     4. Das Elternrechtssystem | 97 |
|     5. Die künstliche Verwandtschaft | 99 |
| IV. Die Eheschliefsung | 104 |
| V. Die Eheauflösung | 109 |
| Schlufs | 117 |

## Einleitung.

Die Geschichte der Familie und insbesondere die Entwicklung der Ehe veranschaulicht, wie kaum ein anderes kulturgeschichtliches Problem, den revolutionär wirkenden Einfluſs der modernen Völkerkunde auf die in dieser Frage beteiligten Wissenschaften. Während bis vor einigen Dezennien noch die alte Theorie von dem durch die Idylle des alten Testaments und durch alle weiteren Analogieen gestützten, fast mit religiösem Nimbus umgebenen Patriarchat unerschüttert feststand, ist im Laufe der Zeit aus allen Winkeln des Erdballs ein so wichtiges und sich in den Einzelheiten derartig ergänzendes Material über das diametral entgegengesetzte Mutterrecht zusammengeströmt, daſs selbst die hartnäckigsten Vertreter der älteren Anschauung die entgegenstehende Hypothese nicht mehr zu ignorieren wagen, sondern lediglich ihre kritische Haltbarkeit in Zweifel zu ziehen suchen. Zwischen diesen beiden Extremen — auf der einen Seite die Entwicklung der Ehe von rein patriarchalischer Struktur aus, wobei das Matriarchat und alle anderen mutterrechtlichen Bildungen als Zersetzungen und Entartungen gelten, und auf der anderen als Anfangspunkt jeder ehelichen Form die Muttergruppe neben einer mehr oder minder groſsen sexuellen Laxheit — eine bunte

Fülle vermittelnder Schattierungen, das ist das in grofsen Zügen wenig erfreuliche Bild von den verschiedenen Strömungen und Richtungen, die sich gegenwärtig auf diesem Felde bekämpfen. In Folgendem soll nun der Versuch gemacht werden, unter Übergehung aller detaillierten, besonders der ethnographischen Fragen jene für die Geschichte der Menschheit so überaus bedeutsame Entwicklung zu schildern. Durch diese populäre Fassung soll aber selbstverständlich der Inhalt nicht irgendwie beeinträchtigt werden, vielmehr wird durch die entsprechenden Hinweise auf die betreffenden Spezialforschungen jedesmal auch dem sachverständigen Leser die Möglichkeit einer genaueren Kritik und eventuell auch eines anderen Urteils, als das vom Verfasser gefällte, geboten werden. Auf diese Weise hoffen wir sowohl der Aufklärung (im besten Sinne des Wortes genommen) als auch der Wissenschaft einen Dienst zu erweisen. Die Meinung nämlich, die man in gewissen Kreisen unseres Vaterlandes ganz im Gegensatz zu anderen Ländern mit einer gewissen Vorliebe pflegt, dafs es der wahren Wissenschaft Abbruch thun könnte, wenn ihre Ergebnisse auch in weitere Kreise der höheren Bildung dringe, halten wir für ein zu verzopftes Vorurteil unserer zünftigen Gelehrsamkeit, als dafs es sich noch darüber weiterer Worte verlohnte. An einem solchen Handbuch aber, das die neuesten Forschungen zugleich mit berücksichtigt, fehlt es noch zur Zeit, selbst die Arbeit von Jul. Lippert, Geschichte der Familie, 1884, kann man mit Rücksicht hierauf in gewissem Sinne schon in unserer schnelllebigen Zeit veraltet nennen, und es möchte um so zeitgemäfser sein, weil augenblicklich ein gewisser Stillstand in der Forschung eingetreten und andererseits auch kein nennenswertes Material mehr zu erwarten ist, das, entgegen den wesentlichsten Zügen der neueren sociologischen Ansicht, andere zwingende Schlüsse an die Hand giebt.

## I.

## Die primitive Ehe und die primitive Geschlechtsgenossenschaft.

Für die richtige Bearbeitung unserer Aufgabe ist keine Vorbedingung wichtiger als das zutreffende Verständnis jener ursprünglichen sozialen Bildung, der Keimzelle jeder späteren ethnischen Entwicklung, der Geschlechtsgenossenschaft, die unsere moderne Völkerkunde erst entdeckt hat. Wenn auch soviel der historischen Kritik zuzugestehen ist, daſs wir zur Zeit auf Erden kein derartiges primitives Gebilde anzutreffen vermögen, so sind wir doch imstande, durch vorsichtige Rückschlüsse aus eigenartig bedeutsamen Überresten (von sog. survivals nach Tylorschem Ausdruck), wie durch Benutzung entsprechender litterarischer Berichte uns etwa folgendes Bild von dieser Association zu entwerfen. Es sind wahrscheinlich nicht sehr umfangreiche Verbände zu gegenseitigem Schutz und Trutz gegründet, und zwar auf der durch die Natur selbst gelegten Basis einer gemeinsamen durch die Stammesmutter repräsentierten Abstammung; charakteristisch ist ihnen ferner ein für unsere Anschauung befremdlicher Kommunismus, der sich unzweideutig auf das Eigentum bezieht, wahrscheinlich aber auch auf die Frauen und Kinder. Wir geben nunmehr einem Forscher das Wort, der durch seine Schrift: Über die Geschlechtsgenossenschaft der Urzeit und die Entstehung der Ehe, sich das Verdienst erworben hat, die Aufmerksamkeit der Fachgenossen auf diese merkwürdige Association gelenkt zu haben; es ist dies der bekannte vergleichende Rechtsforscher A. H. P o s t. Seine Darstellung lautet folgendermafsen: „Der eigentlich historischen Periode des Völkerlebens, der Periode der Staatenbildung, in welcher wir leben, und welche mit der Entstehung eines von der patriarchalischen Basis gelösten Häuptlings- oder Königtums und mit der Entwicklung von Standesunterschieden beginnt, geht eine Periode voran, welche wir die friedensgenossenschaftliche nennen können. Diese Periode ist eine wahre Urzeit menschlichen Staats- und Rechtslebens, in allen ihren Institutionen so durchaus fremdartig, dafs auch die bedeutendsten Entwicklungsunterschiede in der Periode der Staatenbildung gering erscheinen gegen die Verschiedenheiten, welche zwischen einer friedensgenossenschaftlichen und einer staatlichen Institution bestehen. In dieser Urzeit giebt es keinerlei Staat und keinerlei staatliche Institutionen im heutigen Sinne; das ganze menschliche Gattungsleben liegt vielmehr beschlossen in kleinen Schutz- und Trutzgenossenschaften höchst eigentümlicher Art, welche ursprünglich auf Blutsverwandtschaft, später nach eingetretener Sefshaftigkeit auf dem Bewohnen eines gemeinsamen Bezirkes beruhen. Wir können passend die ersten mit dem Namen Geschlechtsgenossenschaften, die zweiten mit dem Namen Gau- oder Dinggenossenschaften, beide zusammen mit dem Namen Friedensgenossenschaften bezeichnen. . . . .

Die ältesten Genossenschaften, von welchen das ganze menschliche Staats- und Rechtsleben seinen Ausgangspunkt genommen hat, sind wahrscheinlich Horden von verschiedenem, jedoch nicht bedeutendem Umfange, in denen Weiber, Kinder und Gut allen Geschlechtsgenossen gemeinsam gehören, und in denen ein gewähltes oder durch eine Erbfolgeordnung bestimmtes Oberhaupt eine patriarchalische Gewalt ausübt. Diese Genossenschaften haben nach innen einen gemeinsamen Frieden, dessen Bruch von den übrigen Genossen und namentlich vom Patriarchen gerächt wird, nach aufsen stehen sie als vollständige, völlig souveräne Gebilde in offenem Kampf gegen alle übrigen Menschen, mit denen sie in Berührung kommen. Jeder, der nicht Mitglied der Geschlechtsgenossenschaft ist, ist den Geschlechtsgenossen gegenüber völlig vogelfrei und wird von ihnen nicht anders betrachtet als ein Tier des Waldes, und jede einem Geschlechtsgenossen von einem Fremden zugefügte Unbill wird blutig und mafslos an dem Thäter sowohl als an dessen Blutsfreundschaft gerächt" (a. a. O. S. 3). Ähnlich (obschon die Frage der etwaigen Frauengemeinschaft vorsichtigerweise als eine strittige bezeichnet wird) lautet die Ausführung in einem späteren Werk: „Der Parens und seine Nachkommenschaft leben, so lange sie zusammenbleiben, im wesentlichen nach allen Seiten hin in einer vollständigen Gemeinschaft. Sie bilden nach innen und aufsen eine abgeschlossene soziale Gruppe, in welcher sich die Genossen gegenseitig Leben, Leib und Gut garantieren. Die Losung dieser Gruppe ist nach innen Frieden, nach aufsen Krieg. Der Genosse ist Freund, der Ungenosse Feind. Das Geschlecht lebt in vollständiger Vermögensgemeinschaft. Jagd, Fischfang, Viehzucht, später noch Ackerbau werden gemeinsam betrieben, der Ertrag gemeinsam verzehrt. Jede Forderung eines Genossen ist eine Forderung des Geschlechts, jede Schuld eines Genossen eine Schuld des Geschlechts. Das Geschlecht hat seine eigentümlichen Sitten, seine besondere Sprache, seinen besonderen Kult. Da jedes Geschlecht seinen Ursprung von einem früheren Geschlecht herleitet, welchem auch andere Geschlechter entsprungen sind, so sind Sitte, Sprache und Kult verwandter Geschlechter stets verwandt. Aus der gemeinsamen Urzeit entwickeln sich aber besondere Zweige, und je weiter die

Entfernung vom Stammbaume wird, desto gröfser werden die Abweichungen, so dafs nach einer gewissen Zeit nur noch die Ethnologie imstande ist, den gemeinsamen Ursprung festzustellen, während er in der Erinnerung des Volkes selbst ganz verloren geht. In welchen Formen sich das Familienleben abspielt, und ob diese Formen überall dieselben sind, ist zweifelhaft. Die Frage, ob der allgemeinen Vermögensgemeinschaft der Geschlechter auch überall eine allgemeine Weiber- und Kindergemeinschaft correspondiert, ist zur Zeit noch als eine offene zu bezeichnen. Nach aufsen stehen sich die primitiven Geschlechter im wesentlichen als geschlossene Ganze gegenüber. Jede Missethat, welche von dem Genossen des einen Geschlechts verübt wird, gilt als von Geschlecht zu Geschlecht verübt und führt zum Kriege zwischen den beiden Geschlechtern. Begeht ein Blutsfreund innerhalb des Geschlechts einen Rechtsbruch, so gilt er damit in der Regel als aus dem Geschlecht ausgeschieden. Er wird Ungenosse, Feind und als solcher behandelt". (Grundlagen des Rechts S. 56.)

Im Laufe der Zeit zerfallen diese ursprünglichen Genossenschaften, die, wie gesagt, durch das von der Natur selbst geschürzte Band der Blutseinheit zusammengehalten werden, in kleinere und gröfsere Gruppen mit bald lockerer, bald strafferer Organisation, meist unter der obersten Leitung eines Häuptlings. Diese Verbände finden sich überall auf Erden, bei den Koluschen des amerikanischen Felsengebirges so gut, wie bei den Stämmen Neuseelands oder den Malayen, den meisten kaukasischen Völkerschaften, den Negern, den alten Kelten u. s. w. Diese Verhältnisse sind schon durch das Dämmerlicht der werdenden Geschichte beleuchtet, dagegen lagert über der Struktur jener ursprünglichen Geschlechtsgenossenschaft, sobald es sich um genaueres Detail handelt, tiefe Dunkelheit. Eine besonders viel umstrittene Frage, der wir hier gleich zu Anfang Erwähnung thun müssen, ist die der schrankenlosen Promiscuität oder des Hetärismus, wie es der Begründer dieser

Hypothese Bachofen nennt[1]). Wir können es uns nicht versagen, einige Äufserungen aus dem bekannten Werk des viel geschmähten Verfassers: „Das Mutterrecht" zu entlehnen, ohne selbstverständlich im einzelnen jedesmal die Bürgschaft für die allerdings vielfach über das Ziel hinausschiefsenden Betrachtungen zu übernehmen[2]). Zuerst ist die Wärme, ja man könnte es fast schwärmerische Begeisterung nennen, bemerkenswert, mit der Bachofen das hohe Lied vom Preise des Weibes anstimmt. „An das Weib knüpft sich (so schreibt er in der Vorrede) die erste Erhebung des Menschengeschlechts, der erste Fortschritt zur Gesittung und zu einem geregelten Dasein, vorzüglich der ersten religiösen Erziehung, an das Weib mithin der Genufs jedes höheren Gutes an. Früher als im Manne erwacht in ihm die Sehnsucht nach Läuterung des Daseins, und in höherem Grade als jener besitzt es die natürliche Fähigkeit, sie herbeizuführen. Sein Werk ist die ganze Gesittung, welche auf die erste Barbarei folgte, seine Gabe wie das Leben, so auch alles, was dessen Wonne bildet, sein die erste Kennt-

---

[1]) In ähnlicher Weise nach ihm Lubbock, Entstehung der Civilisation S. 74 ff., Mc. Lennan, Communal Marriage S. 425 ff., Post, Geschlechtsgenossenschaft S. 88 ff. u. a.

[2]) Übrigens ist es beachtenswert, wie Bachofen trotz der kühnen und nicht immer verläfslichen Schlufsfolgerungen, die er aus dem ihm zu Gebote stehenden Material zieht, doch im ganzen eine sehr nüchterne Kritik mit thunlichster Objektivität auszuüben sucht und namentlich sich mit vollem Recht gegen das völlig unangebrachte Beweismittel der persönlichen Wahrscheinlichkeit und Glaubwürdigkeit richtet, wenn er z. B. sagt: „So wenig voreheliche Zustände und die langsamen Fortschritte der Menschheit zu geregelten Familienzuständen in Abrede gestellt werden können, so wenig die Lacedämonier gegen Polyandrie, gegen Übertragung der Frauen und andere Freiheiten im Geschlechtsverkehr eine Verteidigung, wie sie die neuere Zeit für nötig erachtet, in Anspruch genommen haben würden, so thöricht erscheint es überhaupt, die Wahrscheinlichkeit zum Mafsstab der Geschichtsschreibung zu erheben und so dasjenige, was seine Kritik nur in sich selbst trägt, von dem Grade der subjektiven Erfahrung und Einsicht abhängig zu machen" (S. 329, vgl. auch Einleitung S. 11).

nis der Naturkräfte, sein die Ahnung und Zusicherung der den Todesschmerz besiegenden Hoffnung." (Vorr. S. 17.) Und ähnlich: „Zu allen Zeiten hat das Weib durch die Richtung seines Geistes auf das Übernatürliche, Göttliche, der Gesetzmäfsigkeit sich entziehende, Wunderbare den gröfsten Einflufs auf das männliche Geschlecht, die Bildung und Gesittung der Völker ausgeübt. Die besondere Anlage der Frauen zur *εὐσέβεια*, ihren vorzugsweisen Beruf zur Pflege der Gottesfurcht macht Pythagoras zum Ausgangspunkt seiner Anrede an die Crotoniaten. Wie die erste Offenbarung in so vielen Fällen Frauen anvertraut worden ist, so haben an der Verbreitung der meisten Religionen Frauen den thätigsten, oft kriegerischen, manchmal durch die Macht der sinnlichen Reize geförderten Anteil gewonnen. Älter als der männliche ist die weibliche Prophetin, ausdauernder in der Treue der Bewahrung, stärker im Glauben die weibliche Seele; die Frau, wenn auch schwächer als der Mann, dennoch fähig zu Zeiten, sich weit über ihn emporzuschwingen, konservativer insbesondere auf kultlichem Gebiete und in der Wahrung des Ceremoniells. Überall offenbart sich der Hang des Weibes zur steten Erweiterung seines religiösen Einflusses und jene Begierde nach Bekehrung, welche in dem Gefühl der Schwäche und in dem Stolze der Unterjochung des Stärkeren einen mächtigen Antrieb besitzt" (a. a. O. S. 14).

Mag auch in dieser Schilderung mancher Ausdruck übertrieben sein, so ist doch soviel jedenfalls unbestreitbar — und wir werden später beim Matriarchat noch genauer darauf zurückkommen —, dafs trotz aller bestialen Rohheit und Gefühlshärte sich gerade bei manchen und noch dazu kriegerischen Völkerschaften eine gewisse Verehrung oder wenigstens Ehrerbietung gegen die Frauen, ganz besonders gegen die Mutter zeigt. Erzählt doch noch Nachtigal von den wilden Tuareg, den gefürchteten Wegelagerern in der Sahara, welch eigentümlichen Eindruck es mache, wenn diese mord- und fehdelustigen Räuber sich willig dem Entscheid einer älteren Frau fügten (Sahara und Sudan II, 675) oder wie die ebenso kriegliebenden Aulad Soliman, diese weit und breit gefürchteten Räuber und Halsabschneider im eigenen Hause völlig machtlos sind. Ähnlich wie die Stellung dieser Regentin in den mohammedanischen Staaten ist die Würde der Königinmutter im alten Israel - Juda, ganz besonders aber haben unsere Vorfahren in den Frauen ein prophetisches und mit göttlichem Glanz umflossenes Wesen erblickt. So bemerkt Lippert richtig: „Die germanischen Hausmütter sind es, nach Cäsar, welche durch Lose und deren Deutung entscheiden, ob die Männer eine Schlacht annehmen sollen oder nicht. Auch mit diesem Prophetenamte bleibt sichtlich noch lange ein Rest des Regiments in der Hand der Frau; geradeso zeugte eine gleiche Zeit der Urgeschichte auch in Israel-Juda eine Debora, die als Prophetin den Männern die Zeit des Kampfes ansagte, ihre Waffen zwar nicht führte, aber lenkte. Darum haftet auch der deutschen Frau noch zur Zeit des Tacitus etwas Heiliges und Prophetisches an. Sie pflegte aus innerer Anhänglichkeit und echt konservativem Sinne, aber nicht immer auch ohne das Bewufstsein des Vorteils dieses Heilige, selbst in absterbenden Formen noch. Es blieb von jener Seite, je nach der Kulturstufe gehoben und veredelt, die höhere religiöse Stimmung, von dieser die Verwertung geheimnisvoll überlieferter Kultakte zu nützlichen oder auch anderen Zwecken. Es lebte fort etwas von solcher Heiligkeit, entartet und entstellt, bis es ein konkurrierendes Mönchspriestertum jüngster Form zertrat. Warum wütete der Hexenhammer gerade gegen die Frauen? Dieser letzte Nachklang des alten Kampfes durchzittert die Geschichte mit einem häfslichen Ton. Immer noch aber leben bescheiden und geräuschlos die weisen Frauen und Besprecherinnen" (Geschichte der Familie S. 58).

Aber was, so wird man mit Recht fragen, hat diese Wertschätzung der Frauen mit jener angeblich schrankenlosen Promiscuität zu schaffen, der Sumpfzeugung, wie Bachofen sie nennt, welche den Anfangspunkt für die Entwicklung der Ehe gebildet haben soll? In der That ist diese ganze Konstruktion des verstorbenen Berner Gelehrten, der in der Gynäkokratie eine spezifische Reaktion des Weibes gegen die brutale Knechtung des Mannes erblickt, und zwar eine von den reinsten sittlichen Motiven beherrschte, höchst bedenklich; ob überhaupt aber die Anschauung: „Das demetrische Prinzip erscheint als die Beeinträchtigung eines entgegengesetzten, ursprünglicheren, die Ehe selbst als Verletzung eines Religionsgebotes. Dieses Verhältnis, so unbegreiflich es unserem heutigen Bewufstsein entgegentreten mag, hat doch das Zeugnis der Geschichte auf seiner Seite und vermag allein eine Reihe höchst merkwürdiger, in ihrem wahren Zusammenhang noch nie erkannter Erscheinungen befriedigend zu erklären. Nur aus ihnen erläutert sich der Grundgedanke, dafs die Ehe eine Sühne jener Gottheit verlangt, deren Gesetz sie durch ihre Ausschliefslichkeit verletzt" (Mutterrecht S. 18), kritisch zu halten ist, trotzdem sich dann die Tempelprostitution, das Jus primae noctis und andere seltsame Einrichtungen sehr leicht erklären und trotz der bekannten Nachrichten aus dem Altertum über gänzlich ehelose Zustände bei gewissen Völkerschaften, möchte doch vor der Hand noch zu beanstanden sein[1]). Zunächst ist es ganz und gar unmöglich, die **Universalität** dieser Entwicklungsstufe inductiv nachzuweisen; vielmehr sind die Nachrichten viel zu spärlich und fragmentarisch, um einen solchen systematischen Aufbau zu ermöglichen. Dagegen ist an einer weitgehenden geschlechtlichen Lockerkeit in den primitiven Verhältnissen nicht zu zweifeln, die sich sogar gelegentlich zu einer beschränkten Promiscuität für gewisse Schichten der Be-

---

[1]) Vgl. C. N. Starcke, Die primitive Familie, Leipzig, Brockhaus 1888 S. 20 ff., Post, Studien zur Entwicklungsgeschichte des Familienrechts, Oldenburg 1889 S. 58 u. a. Anders Mac Lennan, der die angebliche Promiscuität in unmittelbare Beziehung mit der Polyandrie bringt, vgl. Studies in Ancient History, London 1876, besonders S. 139 ff.

völkerung steigert. So hatten bei den Tottiars in Indien Brüder, Onkel und Neffen ihre Frauen gemeinsam. Oder bei den alten Britanniern hatten nach Cäsars Angabe 10 bis 12 Männer ihre Frauen gemeinsam und zwar namentlich Brüder mit Brüdern und Eltern mit Kindern. Die Kinder einer solchen Gruppe gelten dann als Kinder desjenigen, der die Frau zuerst heimgeführt hatte (vgl. Post, Familienrecht S. 57). Aber, wie ersichtlich ist hier das Prinzip einer völlig ungebundenen Geschlechtsmischung schon abgeschwächt, es handelt sich um die sogenannten Hausgemeinschaften und die damit unmittelbar zusammenhängenden Gruppenehen. Sodann ist es häufig mehr als fraglich, ob wir es bei solchen völlig ehelosen Zuständen nicht mit Rückbildungen und lokalen Zersetzungen zu thun haben, so dafs wir nicht befugt sind, irgend ein allgemein gültiges Gesetz darauf hinzu konstruieren. Endlich ist, wie schon gelegentlich bemerkt, der Ausdruck Hetärismus (an den man sich freilich nicht mit Peschel aus ästhetischen Rücksichten zu stofsen braucht, vgl. Völkerkunde S. 228) deshalb nicht passend gewählt, weil dasselbe ja schon seinem Begriff nach die Norm einer regulären Ehe voraussetzt. Auch die früher häufig verwendeten negativen Instanzen, d. h. der Mangel zutreffender Bezeichnungen für die individuelle Ehe bei manchen Völkern, wie z. B. bei den Buschmännern, einigen brasilianischen Indianerstämmen u. s. w., können nicht, wie Ratzel es gegenüber der Sprache und Religion richtig hervorhebt (Völkerkunde I 25, und 31 ff.), ausschlaggebend sein, schon aus dem einfachen Grunde nicht, weil nur die mangelnde logische Schulung und Unterscheidung dadurch wahrscheinlich gemacht wird. Es liegt hier schliefslich dieselbe Voreiligkeit in der Methode vor, die seiner Zeit bekanntlich den genialen Lazarus Geiger zu den glänzenden Fehlschlüssen auf dem, freilich von ihm neu entdeckten Gebiete der prähistorischen Farbenlehre verführte[1]).

---

[1]) Ganz unumwunden gesteht Post zu: „Der Urzustand einer reinen Weibergemeinschaft mit Ausschlufs irgend eines Verhältnisses zwischen

Das einzig detaillierte Beispiel, das mit urkundlicher Sicherheit den Mangel eines individuellen Ehebündnisses gegenwärtig erkennen läfst, findet sich bei den Nairs, der vornehmen Adelskaste an der Malabarküste, die nach matriarchalischem Prinzip leben. Post schildert diese eigentümliche Bildung so: „Weder der Naire noch die Nairin anerkennt irgend eine die freie Befriedigung des Geschlechtslebens hemmende Schranke. Die Frauen sind gemeinsam. Jede Nairin verbündet sich mit zehn oder zwölf Männern, ohne dadurch das Recht einzubüfsen, auch andere Besuche zu empfangen; jedes Verhältnis ist jeden Augenblick lösbar. Ebenso kann der Mann sich nach Belieben an einer Mehrzahl polyandrischer Kreise beteiligen. Diese ehelichen Verbindungen sind so lose, dafs kein Naire mit einer seiner Frauen zusammen wohnt oder bei ihr Mahlzeit geniefst, und jeder seinen Kleidervorrat auf die mehreren Häuser verteilt. Die Kinder, welche aus solchen Verbindungen entstehen, fallen stets in die Familie der Mutter; sie sind die Kinder ihres mütterlichen Onkels, während der leibliche Vater unter Umständen wieder der Vater der Kinder seiner Schwester ist. Die Familie steht unter der Mutter, nach deren Tode unter der ältesten Schwester. Brüder leben gewöhnlich unter einem Dach. Separiert sich einer derselben, so begleitet ihn seine Lieblingsschwester. Das bewegliche Eigentum eines Mannes wird nach seinem Tode unter seine Schwestersöhne geteilt; Land fällt in die Verwaltung des ältesten männlichen Mitgliedes der Familie. Es findet zwar nominell eine Hochzeit zwischen einem einzelnen Nairen und einer einzelnen Nairin statt; jedoch wohnen die Eheleute höchstens vier Tage im Hause der Brautmutter, und länger dauert auch ihr geschlechtlicher Umgang nicht. Jeder spä-

---

einem einzelnen Mann und einem einzelnen Weibe findet sich zur Zeit auf der Erde nur noch äufserst selten, vielleicht rein gar nicht mehr. Es sind nur Rückschlüsse aus späteren Zuständen, welche auf die Annahme einer solchen Stufe in früherer Zeit leiten, und die Zeugnisse von Schriftstellern aus ferner Vergangenheit" (Geschlechtsgenoss. S. 17).

tere Verkehr zwischen denselben ist anstöfsig und unehrenhaft" (Familienrecht S. 56).

Wenn wir somit einerseits uns der Hypothese von der schrankenlosen Promiscuität als universellen Ausgangspunktes für die Entwicklung der Ehe nicht anzuschliefsen vermögen, so müssen wir doch anderseits die Thatsache betonen, dafs zufolge der niedrigen Gesittung von irgend welcher Wertschätzung ehelicher Treue und Keuschheit, ja überhaupt von monogamischen Zuständen nicht die Rede sein kann. In dieser Beziehung können wir nur vollständig den beherzigenswerten Ausführungen Bachofens zustimmen, der davor warnt, unsere heutigen Anschauungen und Gefühle als Mafsstab für die Entscheidung ethnologischer Probleme zu verwenden: „Dem Adel der menschlichen Natur und ihrer höheren Bestimmung scheint die Ausschliefslichkeit der ehelichen Verbindung so verwandt und so unentbehrlich, dafs sie von den Meisten als Urzustand betrachtet, die Behauptung tieferer, ganz ungeregelter Geschlechtsverhältnisse, als traurige Verirrung nutzloser Spekulationen über die Anfänge des menschlichen Daseins in das Reich der Träume verwiesen wurde. Wer möchte nicht gern dieser Meinung sich anschliefsen und unserem Geschlecht die schmerzliche Erinnerung einer so unwürdigen Kindheit ersparen? Aber die Zeugnisse der Geschichte verbieten, den Einflüsterungen des Stolzes und der Eigenliebe Gehör zu geben und den äufserst langsamen Fortschritt der Menschheit zu ehelicher Gesittung in Zweifel zu ziehen. Mit erdrückendem Gewicht dringt die Phalanx völlig historischer Nachrichten auf uns ein, und macht jeden Widerstand, jede Verteidigung unmöglich u. s. w." (a. a. O. S. 18). Dem gegenüber nimmt sich eine Behauptung, wie die von Starcke: „Ohne Zweifel sind die primitiven Verbindungen monogam gewesen, weil es an Motiven, mehrere Weiber zu wünschen, fehlte" (a. a. O. S. 276), sehr seltsam aus. Aufserdem sind die verschiedenen Thatsachen, die sich bei den einzelnen Völkern der Erde in Bezug auf ursprüngliche geschlechtliche Ungebundenheit finden, nicht ohne weiteres zu beseitigen. Es möge genügen, einiges dahin gehöriges Material anzuführen. Die seltsame Sitte der Australier, bei besonderen Unglücksfällen, Krankheiten und verheerenden Seuchen vorübergehend zur allgemeinen Promiscuität zurückzukehren, läfst sich wohl nur erklären, wenn man die primitive Grundanschauung berücksichtigt, dafs die individuelle Ehe eigentlich naturwidrig sei. Dahin gehört offenbar auch die so weit verbreitete, bis in verhältnismäfsig hohe Kulturstufen hineinreichende Tempelprostitution. Ferner ist die bekannte Freiheit der durch hohe Geburt hervorragenden Frauen (Prinzessinnen und Königinnen), sich nach Belieben Männer auszuwählen und mit ihnen eine Zeit lang zu leben, dieser Auffassung entsprungen, ebenso wie der aufsereheliche Verkehr der jungen Mädchen vor ihrer Verheiratung, obwohl es hier häufig der Zustimmung des Vaters bedarf. So in den japanischen Theehäusern oder in all den zahlreichen Fällen, wo es sich um die durch den geschlechtlichen Verkehr zu erzielende Mitgift seitens der späteren Braut handelt. Oft gilt es dann für eine besondere Ehre, sich möglichst zahlreiche Liebhaber nehmen zu können, da eine solche Braut von den Jünglingen für die Ehe sehr bevorzugt wird, womit sich die Anschauung verbindet, dafs ein Mädchen, welches schon Kinder geboren, ihrer Fruchtbarkeit halber gleichfalls anderen vorgeht[1]). Bemerkenswert endlich ist die schon durch die eben gegebenen Mitteilungen erklärte Erscheinung, dafs den Stammesgenossen ein Anrecht auf die Braut eines bestimmten Mannes zusteht, was denn in den bekannten orgiastischen Hochzeitsgebräuchen seinen realen Ausdruck findet; es kann deshalb z. B. an der Loangoküste sich kein Mädchen eher verheiraten, als bis es nicht als Gemeingut ausgeboten ist, weswegen die Braut oft verpflichtet ist, sich den Stammesgenossen des Mannes in der Hochzeitsnacht preiszugeben.

---

[1]) Auch jetzt sind z. B. in Bayern solche Anschauungen noch anzutreffen, wie Hellwald berichtet (Geschichte der Familie S. 223).

Diese Erscheinungen, die durch zahlreiche, über die verschiedensten Völkerschaften sich erstreckende Thatsachen belegt werden können, haben den bekannten vergleichenden Rechtsforscher Post zu der Aufstellung von Ehen geführt, welche der streng individuellen Vereinigung zwischen einem einzelnen Mann und einer einzelnen Frau diametral gegenüberstehen, den sog. Gruppenehen. Er begründet seine Theorie so: „Man stöfst im ethnologischen Gebiet auf Gedankenkreise, welche im Gegensatz stehen zu allen individuellen Eheformen. Der Grundgedanke scheint der zu sein, dafs jeder Mann und jedes Weib schon durch die Geburt bestimmt ist zum geschlechtlichen Verkehr mit einer Gruppe von Weibern oder Männern, so dafs dieser Verkehr nicht verboten ist, ohne dafs er jedoch thatsächlich zu erfolgen brauchte. Das ist ein Gedanke, der etwas ganz anderes ist, als eine Ehe, eine Vereinigung zwischen Mann und Weib, sei es auf Grund einer Gewaltthat, sei es auf Grund eines Vertrages zwischen den Familien, den Familienoberhäuptern oder den Ehegatten selbst ... Solche Gruppenehen kommen thatsächlich vereinzelt vor, und es giebt eine Reihe von ethnologischen Thatsachen, welche auf die frühere Existenz derartiger Zustände zurückdeuten. Auf diese Gruppenehen wird sich meiner Ansicht nach die Promiscuitätstheorie zu beschränken haben. Ganz lose eheliche Verhältnisse zwischen Mann und Weib, auch wenn sie jederzeit nach Willkür jedes Ehegatten gelöst werden können, sind gegenüber festeren ehelichen Verhältnissen nichts Besonderes und rechtfertigen es nicht, für die Urzeit einen besonderen Zustand der Promiscuität anzunehmen, der im Gegensatz stände zu den späteren Eheverhältnissen der Menschheit" (Ausland 1891, S. 842, No. 43). Diese Gruppenehen, die am klarsten in Australien ausgeprägt sind, und zwar als exogene, gehören den geschlechterrechtlichen Verbänden an, die meist mit Stammesabteilungen, Totemfamilien u. s. w. bezeichnet werden. Der geschlechtliche Verkehr zwischen den beiden Geschlechtern spaltet sich nach dem grundlegenden Schema der Endogamie und Exogamie, d. h. nach dem Prinzip, welches den Verkehr zwischen den Stammesgenossen befiehlt oder gerade umgekehrt verbietet. Nur ist die endogene Gruppenehe kaum noch recht für uns erkennbar, weil sie durch andere Formen vielfach überwuchert ist; deshalb veranschaulicht Post die Struktur dieser Gruppenehen an dem Beispiel australischer Stämme, die exogamisch leben, die also nicht innerhalb ihres Stammes heiraten dürfen. „Die Eingeborenen des Distrikts Mount Gambier bilden einen Stamm, der sich in zwei Gruppen teilt, Kumite und Kroki. Jede dieser Gruppen besteht aus Männern und Frauen. Eine Heirat innerhalb derselben Gruppe ist streng verboten. Dabei gilt jeder Kumite von Rechts wegen als Gatte jeder Kroki und jeder Kroki von Rechts wegen als Gatte jeder Kumite. Die von einer Kroki geborenen Kinder sind Kroki, die von einer Kumite geborenen Kinder Kumite. Diese Gruppen wohnen gemischt in denselben Dörfern und weit verstreut über Tausende von Meilen. Ein wirkliches eheliches Zusammenleben dieser vielen durch die Geburt für einander bestimmten Gatten findet jedoch selbstverständlich nicht statt. Eine Frau lebt heute mit einem Mann, morgen mit einem oder mehreren anderen. Meistens stellt sich thatsächlich das eheliche Leben als eine laxe polygynische Ehe dar. Bei manchen australischen Stämmen sind auch die Frauen ziemlich monopolisiert durch die älteren Leute, welche sie nur bei bestimmten Festen den jüngeren Stammesgenossen preisgeben. Es kann auch demjenigen, der sich eine Frau vorübergehend allein angeeignet hat, diese von einem anderen geraubt werden, der sie dann wieder so lange behält, bis der frühere Ehemann oder ein dritter sie ihm wieder raubt. Dabei ist charakteristisch, dafs die Geraubte zu der Klasse gehören mufs, für welche der Räuber Ehemann ist. Es gehört auch da, wo eine individuelle Appropriation eines Weibes stattgefunden hat, zur Gastfreundschaft, dem Gastfreunde sein Weib anzubieten; aber auch dies darf nur geschehen innerhalb des gebotenen

Klassenverhältnisses" (a. a. O. S. 842). Daneben kommen nun auch schon individuelle Eheformen vor, auch so, dafs sich beide Arten durchkreuzen, und dieselben Männer und Frauen, die schon durch ein spezielles Band miteinander verknüpft sind, mit beliebig vielen anderen Stammesgenossen verheiratet sind, wobei es, wie Post bemerkt, sehr bedeutsam ist, dafs, bevor ein solcher individueller Ehebund stipuliert wird, während vier Stunden allgemeine Promiscuität herrscht[1]).

Die meisten besonnenen ethnologischen Forscher haben somit neuerdings von der früher häufig unbedenklich vorgetragenen Hypothese einer schrankenlosen, auf alle Völkerschaften ohne Unterschied zu erstreckenden und damit an den Anfang der ehelichen Entwicklung zu setzenden Promiscuität mit Recht Abstand genommen. Es mag genügen, noch zwei andere namhafte Autoritäten anzuführen, Letourneau und Giraud-Teulon. Der bekannte Pariser Professor stellt das völlige Fehlen jedes ehelichen Verhältnisses als Ausnahmezustand hin, indem er bemerkt: „En scrutant les faits, en négligeant pas de consulter la sociologie animal, on en arrive à conclure que la promiscuité humaine n'a pu être que rare et exceptionelle, que la théorie de la communauté des femmes et de l'hétairisme obligatoire ne supporte pas l'examen". (L'évolution du mariage et de la famille, Paris 1888, S. 67, vgl. S. 48.) Selbstredend wird aber die grofse sittliche Laxheit vor der Ehe und die schon erwähnten Zustände der religiösen Prostitution (die Lippert etwas tendenziös ausbeutet, vgl. Geschichte der Familie S. 171 und

---

[1]) Kohler, der von den Australnegern sagt: „Sicher sind die Australneger von promiscuen Eheverhältnissen ausgegangen, d. h. von Eheverhältnissen, bei welchen nicht ein Mann mehrere Frauen und nicht eine Frau mehrere Männer, sondern eine Mehrheit von Männern promiscue eine Mehrheit von Frauen hat, so dafs alle Männer eines Familienganzen mit den Frauen eines anderen Familienganzen Umgang haben; und dies nicht etwa de facto, sondern de jure, nicht als mifsbräuchlicher faktischer Zustand, sondern kraft anerkannten rechtlich gebilligten Verhältnisses" (Zeitschr. f. vgl. Rechtswissensch. 7, S. 325 ff., bei Post, Familienrecht. S. 57).

Kulturgeschichte I, 87), rückhaltslos zugestanden, obwohl ein Unterschied zwischen den Lastern einer raffinierten Civilisation festgehalten wird: „Entre la grossièreté moral du sauvage et la dépravation raffinée la ressemblance est toute superficielle. Qui songe à trouver choquantes les mœurs des animaux? Or celles, de l'homme primitif sont tout aussi innocentes et la brutalité du sauvage n'a rien de commun avec la regression morale du civilisé atteint de déchéance. Avec l'aide du temps et d'une culture convenable la posterité du sauvage pourra s'affiner moralement, car il y a là des forces vives encore intactes. L'homme primitif est veuf encore et il possède nombre d'énérgies latentes, suceptibles de développement. En résumé, le sauvage est un enfant, le civilisé, moralement déchu, est un vieillard caduc" (a. a. O. S. 88). Ebenso hält der Genfer Gelehrte an einem anfänglichen, chaotischen Hordenzustand der menschlichen Gesellschaft fest: „Les premières agglomérations humaines paraissaient avoir généralement vécu dans un état de profonde sauvagerie, où rien ne rappelle le séduisant tableau de l'âge d'or des poètes et les annales de notre espèce, étudiées sans désir d'illusion, témoignent que l'homme, avant d'atteindre une civilisation quelconque, a dû subir un long et cruel noviciat de barbarie, traverser une véritable période zoologique. L'homme de préture favorisée de l'ère patriarcale, vivant au sein d'une paisible communauté pastorale, entouré d'épouses et d'enfants qui lui obéissent et le vénèrent etc." (Giraud-Teulon, Les origines de la famille, Genève et Paris 1874 S. 48). Und betreffs der Promiscuität: „Si la promiscuité n'a pas été le point le depart obligé de toutes les races, elle paraît du moins l'avoir été pour un nombre considérable d'entre elles, et le plus souvent chez les nations barbares le principe de la famille n'a pu se développer que sur un fonds primitif préalable de communisme. Or, au sortir de l'état de confusion originaire, les premiers hommes n'eurent d'autre moyen, pour apprécier leur état civil reciproque que de recourir au fait toujours certain de leur naissance maternelle: la filiation par le père n'offrait qu'incertitude, tandisqu'au contraire l'issue du sein maternel et le bien matériel du cordon ombilical fournissaient le criterium le plus certain pour déterminer la famille de parents, c'est-à-dire, le groupe relié par une descendance physique. La maternité est toujours une donnée indiscutable et la seule; la paternité au contraire une simple fiction juridique" etc. (S. 53).

Ehe wir dieses immerhin noch unsichere Terrain verlassen, müssen wir noch kurz der Ansicht des Altmeisters der Ethnologie, Ad. Bastian's gedenken, der ebenfalls von dem losen Konglomerat einer Horde als Primärzelle für jede weitere soziale Entwicklung ausgeht. Welche von der Natur selbst, ohne jedes Zuthun des Menschen bedingte Unterschiede in dieser anscheinend völlig formlosen Masse drängen sich der Betrachtung auf? Es sind ihrer zwei, die Geschlechtsdifferenz und die Altersstufen. Daher finden wir auch überall auf den einfachsten Stufen ethnischer Organisation die scharf abgesonderten Versammlungen und Vereinigungen der Männer und Frauen (z. B. den Clobbergölls in Australien). Was wird nun die Folge dieser Gegensätze sein? Es bricht ein Streit zwischen den Männern über den Besitz der Weiber aus; während die stärksten und eben ihrer physischen Übermacht wegen dominierenden sich naturgemäfs der schönsten und begehrenswertesten versichern, sehen sich die Jünglinge, in denen der geschlechtliche Reiz noch stärker entwickelt ist, um ihren Anteil betrogen; sie thun sich deshalb zu einem gemeinsamen Raubzug zusammen nach einem fremden Stamm. Auf diese heimgebrachte Beute haben sie als peculium castrense, wie der klassische Ausdruck lautet, ein persönliches Anrecht inmitten des angeblich schrankenlosen geschlechtlichen Kommunismus, der sie umgiebt. Später, nachdem in Strömen von Blut und unendlichen Rachekriegen diese Überfälle und Rechtsbrüche geahndet sind und mit dem Kommercium zugleich ein regelmäfsiges Konnubium geschlossen und somit die

Grundlage zu einem friedlichen Verkehr und Leben gelegt ist, wird dann der brutale Act des Raubes durch die mildere Form des Kaufes abgelöst. Als ein sehr bedeutsames Symptom früherer Anschauungen und Sitten aber muſs es bezeichnet werden, daſs die aus solcher Ehe entsprossenen Kinder nicht dem Vater folgen, sondern der Mutter, nicht dem Stamm, in den sie eintreten, sondern dem früheren, dem ihrer Mutter angehören (dem Totem der Indianer, dem Kobong in Australien). (Vgl. Verhandlungen der Gesellschaft für Anthropologie etc. 1886, S. 334 ff., und im allgemeinen Zeitschrift für Ethnologie 6, S. 383 ff., endlich das Buch: Die Welt in ihren Spiegelungen unter dem Wandel des Völkergedankens, Berlin 1887, S. 457.)

Endlich bedarf es noch einer kurzen Erläuterung der bereits verschiedentlich verwendeten Ausdrücke: Endogen und Exogen, die für die ursprüngliche Struktur der Geschlechtsgenossenschaft charakteristisch sind. Die Namen erklären sich übrigens von selbst; von endogenen Verhältnissen sprechen wir bei Völkerschaften, die unter sich heiraten, während umgekehrt die Exogamie bei denjenigen Stämmen besteht, die ihre Frauen anderen Verbänden entnehmen. Der Rahmen für dieses Gebot und Verbot schwankt wieder auſserordentlich; bald ist es verboten, innerhalb derselben Familie oder eines sonst irgendwie engeren Bezirkes von Blutsverwandten oder einer weiteren Sphäre zu heiraten, (so ist z. B. in Indien die Kaste eine solche Grenze), bald ist es gerade umgekehrt verboten, auſserhalb der Familie zu heiraten, und anderseits wieder auſserhalb der Kaste. Bei dem indianischen Stamm des Wyandots verhält es sich nach Post folgendermaſsen: „Bei ihnen ist die Heirat zwischen Mitgliedern derselben (auf Mutterverwandtschaft gestützten) gens verboten, dagegen ist die Heirat zwischen Personen verschiedener durch Vaterverwandtschaft miteinander verbundener gentes gestattet. Ein Mann kann daher die Tochter seiner Mutterschwester nicht heiraten, weil diese zu seiner gens gehört, wohl aber die Tochter seiner Vaterschwester, weil diese wieder einer anderen gens angehört. Aufserhalb des Stammes darf niemand heiraten. Soll ein Weib, welches dem Stamme nicht angehört, von einem Manne geheiratet werden, so mufs sie erst von einer Familie des Stammes adoptiert werden, welche nicht zu der gens des Mannes gehört, und will ein Weib aufserhalb des Stammes heiraten, so mufs dieser Mann erst von einer Familie einer gens adoptiert werden, welche nicht die gens des Weibes ist. Es wird also in solchen Fällen eine künstliche Verwandtschaft geschaffen, um das für den Stamm gültige endogene Prinzip zu umgehen" (Grundlagen des Rechts, Oldenburg 1884, S. 247). Geht man von der durch die Natur gebotenen Anschauung aus, dafs ursprünglich jeder Stamm mehr oder minder streng isoliert von anderen lebt, so ist die Endogamie der normale Zustand. Der durch die Kultur und eine feinere Gesittung gezüchtete Gedanke einer verabscheuungswürdigen Vereinigung sehr naher, blutsverwandter Personen scheint der Urzeit ganz zu fehlen; umgekehrt (namentlich wo es sich um Häuptlinge und Fürstlichkeiten handelt) ist gerade die Ehe zwischen engen Blutsverwandten etwas Gewöhnliches, man könnte fast sagen ein Gesetz, das noch dazu eines gewissen religiösen Nimbus nicht entbehrt. Es ist bekannt, wie weit in die Epochen geschichtlicher Entwicklung (man denke nur an die Ägypter und Perser!) diese Anschauung hineingereicht hat. Vergegenwärtigen mufs man sich aber immer, dafs bei dem ungeregelten ehelichen Verkehr der Urzeit ein bestimmtes, rechtlich geordnetes Verhältnis zwischen dem einen Ehegatten und den Verwandten des anderen noch nicht bestanden haben kann. Das exogamische Prinzip stellt das diametral entgegengesetzte Abbild des endogamischen dar; das Gewöhnlichste ist, dafs sich Mitglieder desselben Stammes und Geschlechtes nicht heiraten dürfen, aber eben die einzelnen Grenzen dieser Bestimmung schwanken ganz aufserordentlich. Bemerkenswert ist es, dafs überall, wo die Exogamie zur festen Volkssitte geworden ist, jeder Verstofs gegen dieselbe als ein schweres Sacrilegium gilt — es zeigt sich hier wieder die innige Verbindung zwischen Recht und Religion. Bei den Batak auf Sumatra (berichtet Post) wird z. B. die Ehe im Stamme mit dem Tode und Gefressenwerden bestraft. Bei den Bewohnern des König-Georgsundes in Australien, welche aus den Klassen Erniung und Tem (Tuaman) bestehen, die untereinander heiraten, folgt schwere Strafe, wenn sich zwei Individuen aus derselben Klasse heiraten. Bei den Khands wird eine Heirat unter Personen desselben Stammes als Incest betrachtet und mit dem Tode bestraft. Bei den Tscherkessen war die Heirat in der eigenen Brüderschaft früher bei Strafe des Ertränkens untersagt; neuerdings ist darauf eine Bufse von 200 Ochsen und Rückgabe des Weibes gesetzt. Auch bei nordamerikanischen Indianern wird die endogene Ehe als Incest angesehen und mit dem Tode bestraft (Familienrecht S. 86). Beide Formen aber sind nur Ausflüsse der Geschlechtsverfassung und verschwinden deshalb mit deren Zerfall, beide sind deshalb auch nicht etwa durch die ethnographische Eigenart der Völkerschaften bedingt, sondern eben nur durch die Art ihrer sozialen Organisation. Schliefslich möge hier ein zusammenfassendes Resumé von Post Platz finden: „Überblickt man das Gesamtgebiet des Volkslebens, so findet man hinsichtlich des Ehehindernisses der Blutsverwandtschaft alle Möglichkeiten erschöpft. Von dem gänzlichen Mangel eines solchen Ehehindernisses bei endogenem Leben bis zum Verbot der Heirat zwischen den Stammesgenossen entferntester Grade finden sich alle Mittelstufen vertreten. Bald ist nur die Heirat zwischen Ascendenten und Descendenten verboten, bald reicht das Eheverbot bis zu den Geschwistern, bald bis zu weiteren Verwandtengraden. Daneben finden sich noch Unterschiede gemacht zwischen Verwandten väterlicherseits und mütterlicherseits, welche auf dem Verhältnis der Mutterverwandtschaft und Vaterverwandtschaft beruhen. Wo das System der Mutterverwandtschaft noch ungetrübt herrscht, ist die Vaterverwandtschaft überhaupt kein Ehehindernis; wo das System der Vaterverwandtschaft ausschliefslich gilt, ist die Verwandtschaft durch die Mutterseite kein Ehehindernis. Wo sich gemischte Systeme bilden oder eine Verwandtschaft entsteht, nach welchem durch beide Eltern die Verwandtschaft vermittelt wird, finden sich wohl verschiedene Verwandtschaftsgrade für die Mutter- und für die Vaterverwandtschaft, je nachdem die eine oder die andere überwiegt" (Grundlagen S. 249).

## II.

### Individuelle Ehen.

Die Unsicherheit und Lückenhaftigkeit des Materials, welche vielfach für die Urzustände der menschlichen Gesellschaft so stark hervortritt, daſs man sich öfter nur mit einem negativen Resultat begnügen muſs, beginnt erst einigermaſsen sich zu verlieren, wenn wir aus jenem wüsten Chaos kommunaler und völlig regelloser ehelicher Verbindungen zu Verhältnissen gelangen, welche zwischen einzelnen Personen mit mehr oder minder dauerhafter Gültigkeit und Verbindlichkeit bestehen. Die Entwicklungsgeschichte des Individuums beginnt sich aus diesem gärenden Prozeſs allmählig abzuklären und damit sich die Grundlagen vorzubereiten, auf denen unsere heutige Gesittung und Weltanschauung beruht. Aber auch hier vollzieht sich diese Bewegung nur langsam und durch manche Rückfälle in die frühere Anarchie unterbrochen, und es wäre völlig unangebracht, schon unsere moralischen Empfindungen und Anforderungen als entscheidende Kriterien für unser Urteil anwenden zu wollen. Die Ethnologie erspart uns auf keiner Stufe der sozialen Entwicklung die heilsame Beschränkung unserer individuellen Meinungen und Neigungen und lehrt uns damit erst das wirkliche Verständnis des sozialen Wachstums der Menschheit und der diesen ganzen Zusammenhang beherrschenden Gesetze.

Diese Vorsicht und Entsagung ist einer doctrinären Tendenz gegenüber umsomehr am Platze, welche im schroffen Gegensatz zu jeder entwicklungsgeschichtlichen Auffassung an dem spezifisch modernen Begriff der Ehe festhält. Die Ansätze zu der späteren wohlbekannten Gestalt ehelicher Verhältnisse sind freilich mitunter recht mangelhaft und schwer erkennbar; bei manchen Stämmen werden die Verbindungen so lose und so gänzlich ohne jede Beobachtung eines Ceremoniells eingegangen, dafs die Auflösung der so flüchtig geknüpften Beziehung ebenso anstandslos vor sich geht. So berichtet Post von einigen afrikanischen Völkerschaften: „So ist z. B. die Ehe in Abessinien eine rein konventionelle Verbindung, welche so lange besteht, als beide Teile damit zufrieden sind, und sobald dies nicht mehr der Fall ist, ohne Zuthun der Obrigkeit aufgelöst wird. Sie wird auch, so oft beide Teile wollen, wieder erneuert. Die Auflösung geschieht aus den nichtigsten Gründen. In früherer Zeit war es üblich, bei den Heiraten durch besondere Ehestiftungen eine Bufse zu bestimmen, welche der die Ehe grundlos auflösende Ehegatte dem anderen zu zahlen hatte. Man suchte aber auch hier nach den nichtigsten Gründen, um sich der Bufse zu entziehen. Bei den Amaxosa giebt es neben der Ehe ein Konkubinat, ein lockeres Verhältnis mit einem Mädchen aus niederem Stande, welche oft von vornherein nur auf bestimmte Zeit eingegangen wird. Die Denga wechseln mit der gröfsten Leichtigkeit ihre Frauen. Der Mann jagt seine Frau fort, wenn sie ihm nicht mehr gefällt, und die Frau, die mit ihrem Manne nicht mehr leben will, läuft so weit weg, dafs er sie nicht gleich finden kann. Bei den Wanika ist die Ehe ein sehr lockeres Band, welches wenigstens auf seiten der Männer ohne Schwierigkeit gelöst werden kann. Ähnlich kann bei den Banjars der Mann, der seiner Frau müde ist, dieselbe gegen Zahlung einer geringen Summe verlassen, um eine andere zu nehmen. Auf St. Thiago, einer der capverdischen Inseln ist es, obgleich die Einwohner sich zur christlichen Religion bekennen, doch noch sehr gebräuchlich, dafs ein Mann seine ihm kirchlich angetraute Frau verläfst und an einem entfernten Ort eine andere nimmt. Bei den senegalesischen Mauren ist es sehr gebräuchlich, die Frauen zu wechseln. Aus den nichtigsten Gründen wird die Ehe aufgelöst. Will die Frau die Ehe auflösen, so giebt sie die ihr vom Manne gegebene Aussteuer (la dot) zurück und entfernt sich. Erklärt der Mann die Ehe für aufgelöst, so nimmt die Frau ihre Aussteuer mit. Auf diese Weise ist bei diesen Mauren von einer Ehe eigentlich gar keine Rede. Es herrscht eine Art Promiscuität der Männer mit allen Frauen. Obgleich sie zu gleicher Zeit nur eine Frau zu haben pflegen, ist bei ihnen ein Sprichwort üblich: Un homme peut user cent femmes" (Afrikan. Jurisprudenz I, 320, für Indonesien und Arabien, vgl. Post, Studien S. 250). Diesen flüchtigen Verbindungen, die eben nach der gröfsten Willkür beliebig eingegangen und wieder gelöst werden können, stehen sehr nahe die Ehen auf Probe und auf Zeit. Auch diese Form ist aufserordentlich verbreitet und kommt bei den verschiedensten Völkern vor, von denen hier die Indianer angeführt sein mögen: „Bei den Huronen gab es Ehen auf Probe für einige Tage. In Neu-England wurden die Leute, die zusammen lebten, erst später durch den Sachem für immer miteinander verbunden, wenn sie sich gefielen. In Virginien waren die Häuptlinge, welche beliebig viele Weiber hatten, nur an die erste Frau dauernd, an die übrigen aber erst dann gebunden, wenn sie mit ihr länger als ein Jahr gelebt hatten. Bei den Otomies war es Sitte, dafs der junge Mann mit dem Mädchen seiner Wahl schlief. Gefiel sie ihm in der ersten Nacht nicht, so trennte er sich wieder von ihr; fand sie seinen Beifall, so blieb er den ganzen folgenden Tag bei ihr und durfte sie fortan nicht mehr verlassen" (Post, Studien S. 75). Dasselbe ist der Fall bei manchen afrikanischen Völkerschaften, bei den Indiern, auf Oceanien, in Birma etc., ja man kann einen Rest dieser Sitte in dem für manche Gegenden des flachen Landes noch bis auf den heutigen Tag bestehenden Gebrauch erkennen, dafs die Ehe erst dann rechtsgültig wird, wenn Konception eingetreten ist, wie denn ja auch dieser Anschauung entsprechend die Unfruchtbarkeit öfter als Scheidungsgrund gilt. Noch seltsamer mutet uns die Ehe auf eine im voraus fest bestimmte Zeit an, die gelegentlich dadurch ihre lokale Erklärung erhält, dafs sich die Männer auf ihren Karawanenreisen für kürzere oder längere Zeit an bestimmten Plätzen aufhalten. Ähnlich berichtet Ammianus Marcellinus von einer solchen Zeitehe bei den alten Arabern. „Solche Ehen bestanden noch zu Mohammeds Zeit. Sie sind im Islam bekannt als nikâh âl-mot'a. Sie werden bis zu einem festgesetzten Termin eingegangen und erlöschen mit dem Verstreichen dieses Termins ohne weiteres. Die Schiiten lassen sie heute noch zu, die Sunniten nicht mehr. Zulässig war diese Ehe nur, wenn eine dauernde Ehe nicht möglich war. Sie war hauptsächlich üblich in Kriegszeiten, oder wenn ein Mann sich in einer fremden Stadt befand. Die gleiche Sitte findet sich heute noch in ganz Oran" (Post, Studien S. 78). Ganz übereinstimmende Erscheinungen finden sich in Afrika, wahrscheinlich beeinflufst durch den Islam; aber auch die Bewohner der Aleuten, wo ein solcher Zusammenhang nicht in Frage kommen kann, kennen ein solches periodisches Verhältnis für Jagd- und Handelsreisende ihres Stammes, die vorübergehend sich dort aufhielten. (Vgl. Post, Afrikan. Jurisprudenz I, 323.) Desgleichen bietet Oceanien dafür die bezüglichen Parallelen.

Diesen flüchtigen Verbindungen, die, wie die letzterwähnten Beispiele es nahelegen, vielfach aus blofs lokalen und temporär wirksamen Gründen entstanden sind, in denen also keine allgemeinen sozialen Faktoren zum Ausdruck gelangen, stehen die eigentlichen regulären Eheformen mit bestimmter gesetzlicher Kraft und Dauer gegenüber. Solcher Formen giebt es drei auf Erden, Polyandrie, die Verbindung einer Frau mit mehreren Männern, Polygynie, die Vereinigung eines Mannes mit mehreren Frauen und endlich die Form, welche wir vorschnell genug immer noch als die alleinige hinzustellen lieben, die Monogamie, die Verbindung eines einzelnen Mannes mit einer einzelnen Frau. Man kann auch entgegen dieser gewöhnlichen Einteilung zwei Hauptgruppen annehmen, polyandrische und monandrische Ehen, wie Post in seinem neuesten Werk (Grundrifs d. ethnol. Jurisprudenz I, 55) thut, und diese wieder zerlegen in eine monogynische und polygynische Art.

### 1. Die Polyandrie.

Obwohl die Polyandrie jedenfalls keine universale Gültigkeit beanspruchen kann — sie fehlt z. B. in Afrika vollständig und kommt nur sehr sporadisch in Europa vor —, so kann man doch wohl Hellwald beistimmen, der in ihr die schärfste Ausprägung des Mutterrechts findet. (Die menschl. Familie, Leipzig 1889, S. 241.) Mit Recht setzt dieser Schriftsteller hinzu: „Natürlich kann nur von geregelter Vielmännerei die Rede sein; denn ungeregelt fällt sie mit schrankenloser Vermischung zusammen und liegt auch dem Wesen dessen zu Grunde, was bei sonst irgendwie geordnetem Geschlechtsverkehr in Ermanglung eines anständig klingenden Ausdrucks mit dem Fremdwort Prostitution bezeichnet wird. Von schrankenloser Ungebundenheit unterscheidet sich die Polyandrie dadurch, dafs in letzterer die Frau ausschliefslich mit mehreren bestimmten Männern verbunden ist, und das Weib den Vater ihrer Kinder oder die Sitte den ältesten oder ersten ihrer Gatten bezeichnet." Dennoch berühren sich gelegentlich beide Erscheinungen sehr nahe, indem bei manchen Völkerschaften es der Frau gestattet ist, neben ihrem eigentlichen Mann sich eine beliebige Anzahl von Liebhabern zu halten. Mac Lennan hat sogar auch in diesen Zügen geschlechtlicher Laxheit eine

Stütze für seine Ansicht von der anfänglichen unbeschränkten Promiscuität finden wollen, indem er Promiscuität, Mutterfolge und Polyandrie in unmittelbaren Zusammenhang miteinander bringt. Dafs die Unsicherheit der Vaterschaft dabei eine wichtige Rolle spielt, ist von vornherein klar[1]),

---

[1]) Vgl. Mac Lennan, Studies in Ancient History, London 1876, S. 139: „Promiscuity, producing uncertainly of fatherhood, led to the system of kinship through mothers only. This kinship paved the way for polyandry such as we commonly find it, and this form of polyandry introduced male kinship. Thus, along with the ruder polyandry, we always find the system of kinship through females only, and that were the less rude form prevails, we can generally trace that system, is moreover a proof a posteriori of what we hawe shown must be the case, that the origin of kinship through females only is referable to uncertainly of male parentage", und ähnlich S. 179 im allgemeinen Überblick: „At the outset of our argument we saw that if the system of kinship through females only could be shown exist or to have existed, it must be accounted a more archaic system of kinship than the system of relationship through males, the product of an earlier and ruder stage in human development; and that to prove its existence on ruch a scale as to entitle or to rank among the normal phenomena of human development would be to prove it the most ancient system of kinship. We now submit that we have amply established our proposition. We have collected abundant evidence of the non-existence in many places of the conditions necessary for the vise of kinship through males; in many of these cases some of them cases — of great populations — we have been able to adduce evidence of the existence of the system of kinship through females only. We have seen that polyandry must be accepted as a stage in the progress towards marriage proper and the patriarchal system. The lower form of polyandry we have found to be accompanied by the system of kinship through females only. We have seen polyandry change its form till it allowed of kinship through males and then die away into an obligation on the younger brothers in turn to espouse the widow of the eldest brother — das sogenannte Levirat —; and in some cases, Indo-European as well as Semitic, in which we found that relic of polyandry, we have found or found traces of the system of kinship through females only . . . Before leaving this subject we would observe that, whether the system of kinship through females only prevailed universally at the first or not, it must have prevailed wherever exogamy prevailed — exogamy and the consequent practice of capturing wiwes. Certainly as to fathers is impossible where mothers are stolen from their first lords, and liable to be re-stoten before the birth of

und gerade deshalb ist die Bestimmung der alten Britanier, die nach Cäsar's Angabe in einer Art polyandrischer Gruppenehe lebten, so charakteristisch, dafs die aus solchen Verbindungen entstandenen Kinder demjenigen zugeteilt wurden, der die Frau zuerst heimgeführt hatte. Ähnlich ist das Verfahren der alten Araber, das der bekannte holländische Forscher Wilken schildert: „So finden sich in der Traditionensammlung von Bocharî ein paar polyandrische Eheformen. Bei einer derselben leben einige Personen, jedoch nicht mehr als zehn, mit einer Frau zusammen. Wird sie schwanger und gebiert sie ein Kind, so schickt sie einige Zeit nach der Geburt zu ihren Männern und bezeichnet, wenn sie sich eingefunden haben, einen derselben als Vater des Kindes. Dann gilt das Kind als Kind dieser Person. Bei einer anderen Form lebt die Frau mit einer Anzahl Männer in ehelicher Gemeinschaft. Sie verkehrt alsdann, mit wem sie will. Sie hängt eine Flagge an ihre Thür, und wer mit ihr zu verkehren wünscht, geht ··· ihr. Wird sie schwanger und gebiert ein Kind, so we die Männer bei ihr versammelt. Zugezogene Sachverständige weisen das Kind dem zu, den sie wegen gewisser Kennzeichen für den Vater halten, und dieser gilt alsdann als Vater, ohne dafs er sich dem entziehen kann" (bei Post, Studien S. 61). An diese geschlechtliche Freiheit erinnert ebenfalls die sehr häufige Sitte, an Gastfreunde und Verwandte die eigenen Frauen auszuleihen, ein Verfahren, das später auch zu einer rein gewerblichen Prostitution herabsinkt (vgl. Post, Studien S. 345 ff.).

---

children. And as exogamy and polyandry are referable to once and the cause — a want of balance between the sexes — we are forced to be regard all exogamous races as having originally been polyandrous. While polyandry supplied a method whereby the want of balance might be the less felt, and may thus have retarded, and in some cases prevented, the establishement of exogamy, wherever exogamy took root polyandry must have been practised. Therefore we must hold it to be beyond dispute that among exogamous races the first system of kinship was that which recognized blood — ties through mothers only".

Der eigentlich klassische Boden für diese Eheform bildet das Hochland von Tibet und einige vorderindische Landschaften von Himalaya. Und doch ist es sehr beachtenswert, dafs gerade der gewöhnliche Erklärungsgrund nicht überall zutrifft; meist werden nämlich Armut des Landes und spärliche Bevölkerung als solche Momente angeführt — was natürlich häufig richtig ist, — aber in Ceylon z. B. ergeben sich vorzugsweise die Reichen jener Sitte. Auch hat unzweifelhaft die Ungleichheit in der Zahl der Geschlechter einen bestimmten Einflufs ausgeübt, wie Letourneau hervorhebt, der aber auch die Opferung weiblicher Kinder als hinzukommendes Moment betont[1]). Er unterscheidet sodann eine matriarchalische und eine patriarchalische Form der Polyandrie; jene repräsentieren die schon früher geschilderten eigentümlichen Zustände der Nairs an der Malabarküste, wo streng Mutterfolge herrscht und die Frau, resp. Tochter

---

[1]) Vgl. L'évolution du mariage et de la famille, Paris 1888 S. 43: „Il semble d'ailleurs que la coutume de sacrifier les enfants de sexe féminin influe à la longue sur la production naturelle des sexes . . . . Mais il y a plus d'une manière de fausser la proportion des sexes ; il n'est pas nécessaire de tuer presque tous les enfants du sexe féminin, comme cela se faisait chez les Gonds du Bengale, où dans beaucoup de villages Macpherson ne vit pas une seule fille; il suffit de les vendre. C'est même la vente des filles qui dans bien de pays a d'abord réfréné la sauvage coutume de l'infanticide féminin. Les filles devinrent une marchandise négociée par les parents, rachetée plus tard par les hommes, puisqu'aussi bien on ne pouvait s'en passer, mais alors il arriva, dans diverses contrées et chez diverses races, que les hommes s'associèrent pour alléger la dépense et que plusieurs d'entre eux se contentèrent d'une femme en commun, devinrent polyandres. Mais il ne faut pas croire avec certains sociologistes, que la polyandrie ait jamais été une phase matrimoniale universelle et necessaire. L'énorme consommation d'hommes, que nécessite la vie sauvage ou barbare, a poussé bien plus souvent à la polygamie. C'est seulement dans certaines sociétés, où la pratique de l'infanticide féminin dépassait tout mesure, ou bien dans certaines îles, certains régions peu ou point peuplées, où des conquérants mal pourvus de femmes, venaient s'établir, que la polyandrie a pu se généraliser et durer. Elle n'est sûrement qu'une forme exceptionelle du mariage et l'on peut énumerer les pays où elle a été ou est encore en usage"

nicht ihr Haus verläfst, ihr Gatte gelegentlich nur zum Besuch empfangen wird, während der juristische Vater ihrer Kinder ihr Bruder ist. Im scharfen Gegensatz dazu steht die bekannte patriarchalische Struktur, wo die Frau den Männern zu folgen gezwungen ist, sei es durch Raub oder durch Kauf als Eigentum erworben, meist Brüdern oder Verwandten, wo sie endlich immer der Obhut und der Gewalt ihres Mannes untersteht, sodafs eine etwaige eheliche Untreue auf das strengste von ihm gerächt wird, während umgekehrt, wie wir schon sahen, aus Höflichkeit, Ehrbezeugung und auch aus schnöder Gewinnsucht der Eheherr die Frau anderen überläfst[1]). Es bedarf wenig Überlegens, um zu erkennen, dafs beide Formen einen sehr niedrigen Stand der moralischen Entwicklung voraussetzen, und auch für diesen Fall mufs man sich vergegenwärtigen, dafs unsere sittlichen Anforderungen, vor allem die weibliche Keuschheit, ein verhältnismäfsig sehr spätes Kulturprodukt ist. Im übrigen macht der französische Ethnologe mit Recht darauf aufmerksam, dafs die patriarchalische Stufe der Polyandrie doch schon eine weiter vorgeschrittene Bildung darstelle, als ihr entsprechendes matriarchales Gegenbild, obschon sich das nicht streng allgemein beweisen lasse. Während in der matriarchalen Polyandrie die Kinder einfach dem Stamme der Mutter zugeteilt werden, und somit diese Institution mit der primitiven Familie im Matriarchat überhaupt zusammenfällt, wird hier ein spezielles, individuelles Verhältnis zwischen Vater und Sohn, besonders dem Erstgeborenen mit gegenseitigen Pflichten und Rechten begründet[2]).

---

[1]) Letourneau l. c. p. 108.

[2]) Letourneau l. c. p. 109: „En effet, la polyandrie matriarcale coïncide toujours avec la forme familiale primitive, avec le matriarcat, c'est-à-dire avec un système qui ne tient nul compte de la filiation paternelle et laisse les enfants à la tribu de la mère. Au contraire la polyandrie patriarcale ébauche déjà une sorte de famille paternelle avec droit d'aînesse atttribué au fils premier-né ... Il s'en faut qu'on doive considérer la polyandrie matriarcale comme ayant toujours précédé l'autre. Cela semble vrai seu-

— 33 —

Wie Mac Lennan und Letourneau, so will auch Lippert, dem sich Hellwald (Familie S. 261) anschliefst, die Polyandrie aus früheren Entwicklungszuständen matriarchaler Organisation ableiten und nicht blofs auf die bekannten lokalen Ursachen beschränkt wissen. Er sagt: „Wenn das Connubialrecht allmählich nur noch in Verbindung mit der ersten Blüte des weiblichen Geschlechts thatsächlich in Geltung tritt, so mufs naturgemäfs ebenso allmählich die jüngere männliche Generation thatsächlich ausgeschlossen erscheinen von dem Connubium mit allen höheren Generationsschichten weiblichen Geschlechts, und aus dieser Thatsächlichkeit mufs sich, wie immer, ein Rechtsgrundsatz bilden. Dafs dieser Grundsatz rein menschlichen und ausschliefslich sozialen Ursprungs ist, scheint uns auch daraus hervorzugehen, dafs er im ganzen Tierreiche keine Analogie besitzt; ebensowenig kann er beim Menschen von jeher in Geltung gewesen sein. Geschichte und Ethnologie zeigen vielmehr, wie er und mit

---

lement pour l'Arabie ancienne. Partout d'ailleurs on ne peut que le supposer. On se tromperait également, si l'on admettait a priori que la polyandrie patriarcale implique un degré de civilisation supérieure à celle des pays à polyandrie matriarcale. Les anciens Arabes, dont nous parle Strabon, pratiquaient la polyandrie fraternelle, et pourtant nous savons qu'ils étaient à peine civilisés, cannibales et tellement féroces, que leurs femmes les accompagnaient dans les combats pour achever et mutiler les ennemis blessés. On voyait ces furies se faire des colliers et des armeaux de jambes avec des nez et des oreilles et même manger le foie d'un ennemi mort. Au total, la polyandrie est une forme conjugale exceptionelle, aussi rare que la polygamie est commune. Il la faut ranger à côté des mariages à l'essai, des mariages temporaires. Avec nos idées européennes sur la fidelité conjugale, obligatoire par le droit de propriété, nous avons peine à concevoir même la possibilité de cette absence parfaite de jalousie, de cette placidité des maris copartageants. C'est la grossièreté sans aucun doute. Mais comment qualifier notre morale et nos lois, qui donnent au mari trompé le droit de vie et mort sur la compagne infidèle et, sous ce rapport, nous ravalent au niveau des sauvages? Les mœurs grossières valent-elles moins que les mœurs féroces? On peut, je crois, conclure que les unes et les autres sont animals."

ihm das Prinzip der Connubialbeschränkungen überhaupt sich allmählich erst Bahn bricht. Es ist kulturgeschichtlich entschieden unrichtig, dafs auch innerhalb endogamischer Zustände das Prinzip der Blutsverwandtschaft es sei, welches gleich ursprünglich dasjenige der endogamischen Connubialgrenzen begründet habe; im Gegenteil beruht auf der Idee der Blutsgemeinschaft das der Connubialberechtigung im unbeschränktesten Mafse. Es sind vielmehr wiederum nur die Generationsschichten über- und untereinander, deren Scheidemarken sich wie nach vielen anderen Richtungen hin, so auch in den connubialen Verhältnissen allmählich geltend machen, wohingegen Geschlechtsverbindungen innerhalb derselben Generationsschicht — zwischen Brüdern und Schwestern nicht nur keine Beschränkung erleiden, sondern vielmehr als der absolut normale Zustand gelten. Darin liegt das aussondernde Merkmal für die Richtung der schon innerhalb endogamischer Verhältnisse auftretenden Tendenz, dem Geschlechtsverkehr Schranken zu ziehen. Auf diesen Untergrund weist die Mehrzahl der Fälle bis heute noch als Volksinstitution erhaltener Polyandrie zurück. Wenn wir die heute noch im polyandrischen Verkehr lebenden Todas ihrer dravidischen Sprache wegen als Repräsentanten der „asiatischen Äthiopen" der Alten betrachten können, so weisen doch die Rudimente keineswegs blofs auf den dunklen Menschenstamm als den ältesten zurück, sondern erstrecken sich aufwärts selbst bis zu dem jüngsten. Herodot glaubte bei dem dem europäischen Scythenlande benachbarten Volke der Agathyrsen ganz die Verfassung unserer Blutsverwandtschaftsfamilie vorgefunden zu haben. Sie pflegen gemeinsam Umgang mit den Frauen und sind alle einander Brüder und Blutsverwandte — das kennzeichnet vollkommen den Typus jener Verfassung" (Kulturgeschichte II, 911). Daran erinnert lebhaft die Sitte der den Scythen ja eng verwandten Massageten, denen es erlaubt war, trotzdem eine individuelle Ehe schon bestand, mit den Frauen der anderen Stammesgenossen Umgang zu haben, indem sie ihren Köcher an die

Wohnung des Wagens hingen oder ihren Stab in die Erde senkten, wie Herodot berichtet (I, 216 und IV, 172).

Alles in allem ist aber das Material wohl noch nicht hinreichend gesichtet, resp. überhaupt zu lückenhaft, um über die eigentlichen wirksamen Gründe dieser, wie gesagt, nur sporadisch auftretenden Institution das letzte entscheidende Urteil fällen zu können.

Ehe wir zu der fest geregelten und schlechtweg universalen polygamischen oder polygynischen Eheform übergehen, ist es nötig, mit einigen Worten gewisser Ausläufer der früheren Gruppenehen zu gedenken, die freilich nicht auf Allgemeingültigkeit Anspruch machen können; doch sind sie als Symptome des Überganges aus der Zeit der Geschlechtsgenossenschaft in die späteren sozialen Bildungen immerhin von Interesse. Dahin gehören in erster Linie die für unser Gefühl so sonderbaren Knabenehen, d. h. die Sitte, dafs unmündige Knaben mit erwachsenen Mädchen verlobt werden, die nun bis zum Zeitpunkte, wo ihr zukünftiger Gatte mannbar wird, solange mit anderen Stammesgenossen (häufig mit ihrem Schwiegervater) zusammenleben. Die dieser Verbindung entsprossenen Kinder gelten meist als Nachkommen jenes Knaben, während auch wohl ein Teil derselben auf den wirklichen Erzeuger übergehen. Solche Verbindungen kommen z. B. vor bei den Reddies in Südindien, bei den Dido im Kaukasus, bei den Chibchas in Neugranada, bei den Battaks auf Sumatra u. s. w. Auch findet sich der umgekehrte Fall, dafs unmündige Mädchen mit erwachsenen Jünglingen verlobt und verheiratet werden, wo dann dieselben entweder nach der Hochzeitsceremonie zu ihren Eltern zurückkehren oder sofort in die Familie des Mannes aufgenommen werden und als Glied derselben gelten. Während der Zwischenzeit bis zur erreichten Reife versorgt sich dann, wie Post bemerkt, der Bräutigam wohl mit einer anderen Frau. Bei den Arowaken nimmt er, wenn die Braut noch nicht mannbar ist, einstweilen eine andere Frau, etwa eine Witwe, die ihm auch mehrenteils von seinem Schwiegervater angeraten oder gegeben wird, wenn er in seiner Familie eine dazu taugliche Person hat. Ist dann das Kind mannbar, so wird dasselbe die eigentliche Frau, und die Stellvertreterin bleibt als Magd bei ihr (Studien S. 212). Öfter tritt für das Mädchen dadurch die Verpflichtung einer geschlechtlichen Enthaltsamkeit ein, für die die Eltern aufzukommen haben, sodafs im entgegengesetzten Fall der Bräutigam zu einer Schadenersatzforderung berechtigt ist, resp. den bei der Verlobung eingezahlten Kaufpreis zurückverlangen kann. Überhaupt scheint der für das Patriarchat so mafsgebende Gesichtspunkt des Brautkaufs auch hier eine gewisse Rolle zu spielen, indem es sich für die beiderseitigen Eltern immer um einen regelmäfsigen Kontrakt handelt. Wie so häufig ist gegenüber der gröfseren Beschränkung und Gebundenheit der Braut der Bräutigam viel freier gestellt.

Sehr viel bekannter ist die mit der Polyandrie und den Gruppenehen unmittelbar im Zusammenhang stehende Institution des Levirats, d. h. die Ehe des Bruders mit der Witwe seines verstorbenen Bruders, um für diesen Kinder zu erzeugen, womit natürlich die Verpflichtung verknüpft ist, für sie und ihre Kinder zu sorgen. Darauf ist nämlich von vornherein zu achten, dafs dem Erblasser unmittelbar eine Pflicht aus seinem verwandtschaftlichen Verhältnis erwächst, auf deren Erfüllung die zurückgelassene Witwe ein Anrecht hat, wie Hellwald richtig bemerkt (Familie S. 263). Ursprünglich erscheint das Levirat bei sehr vielen Völkerschaften in diesem Sinne als eine Folge der älteren matriarchalen Ordnung neben und vor dem späteren patriarchalen Zustande. So sagt der eben erwähnte Kulturhistoriker, wesentlich gestützt auf die umfassenden Untersuchungen des kürzlich verstorbenen holländischen Forschers G. A. Wilken über die Eheverhältnisse im ostindischen Archipel: „Überall treten bei den dortigen Völkerschaften, gleichviel ob Exogamen oder Endogamen, die greifbaren Spuren einer älteren Familienordnung, auf Mutterrecht gegründet, zu Tage. Fast überall findet sich noch neben der patriarchalen Heiratsform eine zweite, matriarchale, wobei die Frau weder ihren Stamm, noch ihre Familie verläfst, der Gatte vielmehr in diese ein- eintritt und die Kinder dem Stamm der Mutter folgen. Bei den Battaks erscheint diese Heiratsform, ein Überbleibsel älterer Epochen, unter dem Namen Mandingding, und natürlich ist dabei auch von keinem Brautschatz die Rede, sie kehrt wieder bei den Timoresen und mehr noch bei den Belunesen, bei welch letzteren es geradezu der Bräutigam, nicht die Braut, ist, welcher gekauft wird, bei den Alfuren von Buru, in Rawas und Redschang, wo sie Semando oder Sumando heifst und die Fortbildung in die Ambil Anak-Ehe erfahren hat u. s. w." (Familie S. 266). Uns viel geläufiger ist diejenige patriarchalische Form, wo dem Manne die Witwe als Erbstück zufällt und sich damit die frühere Verpflichtung in ein Recht seinerseits verwandelt. So ja bekanntlich bei den alten Hebräern, auf die man sich früher das Levirat beschränkt dachte, so auch bei den Hindus; betrachtet man vorwiegend diese Völkerschaften, so kann man wohl Starcke zustimmen, der die Institution aus dem heifsen Wunsch ableitet, Erben zu erhalten, welche Opfer spenden können (Primitive Familie S. 170). Aber Post führt u. a. einen Fall an, der das Levirat in erheblich schärferer Ausprägung darstellt, nämlich bei den Bewohnern der Carolinen: „Stirbt die Frau, so mufs der Witwer ihre Schwester heiraten, stirbt aber der Mann, so heiratet die Witwe seinen Bruder. Hier findet man also die Heirat zwischen den Brüdern eines Geschlechts und den Schwestern eines anderen, wie sie bei den Reihenehen der Todas bei Lebzeiten eintritt, auf die Zeit nach dem Tode des einen oder des anderen Teils verlegt. Dies führt zu der Vermutung, dafs die Leviratsehe ihren Ausgangspunkt genommen hat von einer Gruppenehe zwischen mehreren Brüdern und mehreren Schwestern, welche bei Lebzeiten einstweilen suspendiert blieb, so dafs nur individuelle eheliche Verhältnisse existierten, während nach dem Tode eines Mannes oder eines Weibes die aus derselben sich ergebenden Verpflichtungen ins Leben traten." Doch fügt er hinzu: „Nicht alle Erscheinungen, welche man unter dem Namen der Leviratsehe[1]) zur Zeit noch zusammenzufassen pflegt, werden gleichen Ursachen[2]) ihre Entstehung verdanken. Eine bedeutsame Rolle scheint aber bei denselben stets der Grundsatz zu spielen, dafs die Weiber ursprünglich als zum Vermögen des Geschlechts gehörig angesehen werden und sich wie dieses vererben. Dies führt zu allerhand seltsamen Konsequenzen. Bei den Kaffern erbt der Erbe auch die Weiber seines Vaters oder Erblassers. Der Sohn berührt die Weiber seines Vaters nicht; aber er kann sie anderen Männern geben, gewissermafsen ausleihen, und die in solchen Verhältnissen erzeugten Kinder sind seine; — sie werden als Kinder des Verstorbenen angesehen, die also sein Erbe erbt. Wenn eine Witwe sich zu verheiraten Gelegenheit hat, so wird sie vom Erben verkauft, — ihre bisher schon geborenen Kinder mufs sie lem Erben des Mannes zurücklassen, sie sind dessen Eigentum. Da aber die Mutter sich nur schwer von ihren Kindern trennt, so bleiben die Witwen meistenteils unverheiratet als — Jedermanns Weiber — was keine Schande für sie ist — und gebären dem Hause des Erben ihres verstorbenen Mannes Kinder" (Grundlagen S. 206). Während der ursprüngliche polyandrische Zusammenhang sich aber sonst beim Levirat mehr und mehr verloren hat (nur die Bestimmung Manu's, dafs, falls von mehreren Brüdern der eine einen Sohn hat, dieser als der Sohn sämtlicher Brüder betrachtet werden soll, erinnert noch an diese Herkunft),

---

[1]) Starcke unterscheidet vom Levirat das indische Niyoga, d. h. die eheliche Verbindung des kinderlosen Weibes noch zu Lebzeiten des Ehemannes mit dem Bruder oder dem nächsten Anverwandten (Primit. Familie S. 151), eine Sitte, woran auch im deutschen Recht Anklänge erinnern; ähnlich bei den Tschuktschen (vgl. Post, Studien S. 341).

[2]) Letourneau leitet das Levirat aus der Schutzlosigkeit der Frau ab und weist damit den von Mac Lennan verfochtenen Zusammenhang mit der Polyandrie ab (l'évolution du mariage p. 331).

tritt geradezu eine mit der Prostitution verknüpfte gewerbsmäfsige Polyandrie in den sogen. Dreiviertelheiraten hervor, die im nubischen Afrika unter den Hassanieh-Arabern sich finden. Hellwald schildert dieselben folgendermafsen: „Die Gattin des Hassanieh-Arabers darf für sich drei Tage in der Woche in Anspruch nehmen und alsdann ihre Gunst einem Beliebigen, z. B. einem durchreisenden Fremden gewähren. Die Töchter werden stets, wie John Petherik berichtet, an den Meistbietenden losgeschlagen, wie dies bisweilen auch in Christenlanden geschieht, nur mit dem Unterschiede, dafs bei den Mohammedanern infolge der erleichterten Ehescheidung Fehlgriffe sich mühelos wieder gut machen lassen. Ist bei den Hassanieh eine Heirat im Werke, so versammeln sich die Familien beider Parteien, und des Bräutigams Vater richtet an die Mutter die grofse Frage, wie viele Tage in der Woche das eheliche Band streng beobachtet werden müsse. Die Mutter wird nun den Wert der Mariatheresiathaler, der Milchkuh und der paar Stiere, welche angeboten sind, in keinem Verhältnis finden zur Jugend und zur Schönheit der Tochter, sowie ihrer Familienverbindungen, worauf sie ihre Rede damit schliefst, dafs man billigerweise ihr die eheliche Treue nicht länger auferlegen könne, als zwei Tage in der Woche. Die Partei des Bräutigams gerät darüber in Aufruhr und stellt sich empört, so dafs der Uneingeweihte befürchten mufs, es werde blutige Händel geben. Nun treten aber grauhäuptige Friedensstifter hervor, besänftigen beide Parteien und bringen Forderung und Angebot in ein vernünftiges Gleichgewicht; die Familie des Bräutigams erhöht den bedungenen Kaufschilling, und die Mutter der Braut spricht endlich ein grofses Wort gelassen aus: dafs nämlich die junge Frau Montags, Dienstags, Mittwochs und Donnerstags, also vier volle Tage, an ihren Mann gebunden, den Rest der Woche aber Freiheit haben solle, worauf sich beide Teile zu dieser glücklichen Beilegung des Zwistes beglückwünschen und weidlich dem aufgetragenen Merissabiere zusprechen" (Geschichte der Familie S. 273).

## 2. Die polygynische Ehe.

Diese monandrisch-polygynische [1]) Eheform ist bei weitem die häufigste auf der Erde. Der Reichtum des Mannes an Frauen ist an und für sich, d. h. rechtlich unbegrenzt, und findet nur an den jeweiligen Vermögensverhältnissen seine natürliche Beschränkung. Während Reiche und Fürsten wohl 20—30, ja mitunter selbst 100 Frauen [2]) be-

[1]) Hellwald macht einen Unterschied zwischen Polygynie und Polygamie. „Polygamie ist nicht Vielweiberei, sondern Vielehe. Darin liegt ein tiefer Unterschied. Viele Völker des Altertums wie der Gegenwart gestatten allerdings blofs ein einziges Eheweib, sind also Monogamen, dennoch herrscht bei ihnen Vielweiberei und Polygynie. Denn Gesetz und Sitte erlauben dem Manne, neben der einen gesetzmäfsigen Gattin Sklavinnen als Kebsinnen (Konkubinen) nach Belieben, je nach Reichtum und Stellung zu halten. Die Vielehe, die Polygamie, konnte erst mit der Ausbildung des Ehebegriffs aus der Polygynie hervorwachsen; sie ist eine gesetzliche Einrichtung und kann auch verschwinden, ohne die Vielweiberei zu beseitigen. In der That ist letztere auch im Kreise der Monogamen nirgends völlig unterdrückt und lebt unter den mannigfachsten Gestalten fort. Wir lernen somit zwei Gattungen der Beweibung kennen, beide auf dem Boden des Patriarchates erwachsen; die Ehe als ein streng geregeltes Verhältnis, dann das Kebstum oder Konkubinat, welches noch lange, nachdem das jüngere Vaterrecht an die Stelle des älteren Patriarchates getreten, die ehelichen gesetzmäfsigen Verbindungen begleitet. Das Kebstum hängt mit dem Sklavenwesen, mit dem Verhältnisse zwischen Herrschaft und Gesinde zusammen, wie es der starre Eigentumsbegriff erzeugt hatte. Bei aller Knechtung des Weibes spielt, wie sich überall deutlich verfolgen läfst, in die Stellung der Ehefrau noch manches Mutterrechtliche hinein. Die Ehefrau ist stets eine Freie, die, wenn auch durch Kauf, nicht ohne Zustimmung ihrer Eltern oder Mundwalte erworben werden konnte" (Familie S. 368).

[2]) Afrikanische Despoten dulden natürlich keine Beschränkung irgend welcher Art; dem König von Ashanti stehen drei Tausend zur Verfügung, dem Machthaber in Whydah zwischen vier und fünf Tausend, in Dahomé drei Tausend und König Mtesa in Uganda sogar sieben Tausend (vgl. Post, Afrikan. Jurisprudenz I, 307).

sitzen, mufs sich der Arme mit einer einzigen begnügen; es ist hier also die thatsächliche Monogamie nur ein Zeichen von Armut, während umgekehrt bei den Ainos es nur den Häuptlingen gestattet ist, neben der Hausfrau sich eine oder mehrere Nebenfrauen zu halten (vgl. Post, Studien S. 64). Endlich kommt es auch vor, dafs die Anzahl dieser Nebenfrauen gesetzlich fixiert ist (so beschränkt der Islam die Polygamie für den Freien auf vier Frauen, oder auf der Insel St. Louis am Senegal darf niemand mehr als sechs Frauen haben, mit Ausnahme der Marabuts, welche soviel nehmen können, wie sie wollen; vgl. Post, Afrikan. Jurisprudenz I, 310) oder es gilt wenigstens nicht für anständig und gebräuchlich, über eine gewisse Anzahl hinauszugehen. Endlich schliefsen sich, wie Post berichtet, Polyandrie und Polygynie nicht aus, sondern finden sich vielmehr gleichzeitig bei ein und demselben Volk. So kommen z. B. im Kululande und in Ladak beide Eheformen nebeneinander vor. Lyall will im Kululande in einem Hause vier Männer mit einer Frau, im Nebenhause, drei Männer mit vier Frauen und im nächsten einen Mann mit vier Weibern getroffen haben (Studien S. 62).

Natur- und Kulturvölker kommen für die polygynische Ehe in gleicher Weise in Betracht; wir beschränken uns deshalb auf einige wenige Beispiele, welche innerhalb des Rahmens der für uns mafsgebenden geschichtlichen Entwicklung liegen. Wie auch in Ägypten findet sich bei den Hebräern die durch das Gesetz und die religiöse Anschauung geheiligte Sitte, dafs es dem Mächtigeren gestattet war, seinen Einflufs auch durch die zahlreichen Verbindungen mit Frauen immer mehr auszudehnen, während sich der Arme mit einer Frau begnügen mufste. „Die israelitische, meist volksfremde Sklavin, welche immer die Kebsin des Hausherrn oder eines seiner Söhne ist, wird 'ama genannt. Es ist dies ein Wort uralter Bildung, welches in anderen semitischen Sprachen wiederkehrt, woraus zu schliefsen ist, dafs diese Sitte schon vor der Trennung des semitischen Volkes bestand. Der alternden, kinderlosen Frau wurde es zum Lobe angerechnet, wenn sie dem Gatten eine Sklavin als Beischläferin zuführte. Doch hat sich seit uralter Zeit beim israelitischen Viehzüchter wie Bauer die Sitte erhalten, zwei Gattinnen zu nehmen, und bei den in Persien lebenden Juden ist die Polygamie heute noch zulässig. In der Genesis ist zwar der Grundsatz der Monogamie ganz bestimmt ausgesprochen, sodafs man das Verbot der Vielweiberei auch im mosaischen Gesetz zu finden erwarten sollte. Diese aber schweigt darüber, und so war denn Polygamie geduldet und als erlaubt im Gesetz vorausgesetzt. Es erklärt sich dies wohl daraus, dafs die Genesis in ihrer heutigen Gestalt erst sehr spät, zu einer Zeit, als die monogamen Ideen schon die Oberhand gewannen, ihre endgültige Abfassung erhalten hat. Dabei darf man nicht vergessen, dafs die Israeliten in ihren heiligen Büchern als ein zur Fleischeslust geneigtes Volk geschildert werden, welches derselben keine Schranken zog. In ältester Zeit waren die Ehen mit Fremden noch sehr allgemein. Von den Patriarchen der Sagenzeit und von Mose wird erzählt, dafs sie Ausländerinnen zu Weibern nahmen; in der Richterzeit war die Vermengung zwischen Hebräern und Kannaniten die herrschende Regel; ja man verteilte sogar Mädchen der Besiegten als Beute. . . . Wie überall im Patriarchate war das Verhältnis zwischen Mann und Weib im ethischen Sinn ein sehr loses. Das Gewohnheitsrecht erheischte, dafs der Mann die Frau zu kleiden, zu ernähren und ihr die eheliche Pflicht zu gewähren habe. Darin besteht die eheliche Treue des Mannes; thut er das, so mag er im übrigen Weiber nehmen und aufserehelichen Umgang mit Frauen pflegen, soviel ihm gefällt, die Ehefrau hat kein Recht, sich hierdurch beschwert zu fühlen" (Hellwald, Familie S. 372).

Ähnlich patriarchalisch organisiert stellt sich die Familie uns dar im Reiche der Mitte. Wie die Ehe, eine uralte Stiftung, ein Vertrag der Geschlechter und Familien ist, der mit irgend welcher Neigung der Brautleute nicht das mindeste zu schaffen hat, so erstreckt sich auch das Verfügungsrecht des Hausherrn, ähnlich wie bei den Römern, auf alle Familienmitglieder, vor allem aber auf die weiblichen. Manche Töchter werden, um die drückenden Nahrungssorgen los zu werden, schon in zarter Jugend beseitigt, sonst aber als rentable Ware je nach dem Marktpreise verschachert, obwohl andererseits wieder die zärtliche Liebe der chinesischen Mütter zu ihren Kindern betont wird. Trotz der gesetzlichen Monogamie herrscht für alle irgendwie Begüterte Polygamie. „Der lebhafte Wunsch, recht viele Kinder zu haben," bemerkt Hellwald, „war überall eine Hauptursache der Polygynie. Die Kinder der Nebenfrauen vermehrten aber den Besitzstand des Hausvaters. Sehr wahrscheinlich sind die Nebenfrauen auch in China Sklavinnen gewesen; jetzt gehen sie zumeist aus den niedrigeren Schichten der Gesellschaft hervor; sehr häufig sind sie Freudenmädchen, die mit ihren späteren Herren in öffentlichen Häusern bekannt wurden, woraus zugleich hervorgeht, dafs die chinesischen Männer trotz Konkubinat Abenteuer aufser Hause aufsuchen. . . . Die erste Frau, die Ehegattin, übt eine gewisse Herrschaft über die Nebenfrauen aus, denen sie die zu verrichtenden Arbeiten anweist. Im übrigen ist der Unterschied zwischen der chinesischen Konkubine und der europäischen Maitresse der, dafs erstere anerkannt wird; sie ist eine Art gesetzliche Geliebte. Manchmal wählt man auch heute noch wirkliche Sklavinnen zu Nebenfrauen. Denn China kennt nicht nur die lebenslängliche, sondern auch die erbliche Sklaverei. Es bezeichnet das patriarchalische Verhältnis, dafs die Sklaven, wie im alten Rom als Familienglieder betrachtet werden, ja in früherer Zeit sogar die Familiennamen ihrer Herren annahmen. Aber sie haben keine Bürgerrechte, sie sind ein blofser Besitzgegenstand ihrer Herren. Diese können ihre Sklavinnen an andere als Beischläferinnen oder an die Eigentümer öffentlicher Häuser verkaufen oder sie zur Befriedigung ihrer eigenen Gelüste verwenden. Heiratet ein Herr eine seiner Sklavinnen, so verständigt er zuvor seine Freunde und Nachbarn, damit diese ihn am Hochzeitstage besuchen" (Familie S. 382)[1].

Ähnlich ist es in Japan, wo gleichfalls die Eheschliefsung ein rein sozialer Akt ist, wo Familiensegen das höchste Glück des Hausvaters bedeutet, und wo endlich neben der gesetzlich erlaubten Oberfrau meist noch eine ganze Reihe von Nebenfrauen existieren.

Wie leicht begreiflich, wird der Oberfrau allen ihren anderen Rivalinnen gegenüber ein gewisses Aufsichtsrecht zukommen, sie schlichtet deren Streitigkeiten, führt den Haushalt ihres Mannes und kann auch die Gesellschaft desselben häufiger beanspruchen, als die übrigen Frauen[2]. Überhaupt zerfällt der polygynische Haushalt in eine ganze Reihe mehr oder minder selbständiger Haushalte, jeder für sich in einer besonderen Hütte, oder (bei Ärmeren) alle unter einem gemeinsamen Dach, wo denn aber Jeder wenigstens ein besonderes Zimmer für sich zu haben pflegt. So erzählt Wilken von den Lampongern auf Sumatra, dafs hier das Haus regelmäfsig aus drei Abteilungen besteht, prumpu,

---

[1] Vgl. noch im allgemeinen Dargun, Mutterrecht und Vaterrecht, 1. Hälfte: Die Grundlagen, Leipzig 1892, der richtig bemerkt: „Es ist im Auge zu behalten, dafs die Polygamie eine universelle, über die ganze Erde — völlig unabhängig von irgend einer Familienorganisation — verbreitete Institution ist, dafs neben ihr sowohl die strengste Agnation durch viele Jahrhunderte unerschüttert herrschen kann, wie in der mohammedanischen Welt, als auch das Mutterrecht und alle möglichen Mittelformen. Bei allem sonstigen Wandel bildet die Polygamie ein nahezu konstantes Element, die monogamen Völker bilden seltene Ausnahmen gegenüber der ungeheuren Mehrzahl polygamer Naturvölker" (S. 59).

[2] Das tritt auch z. B. darin hervor, dafs vielfach nur die Kinder der Oberfrau erbberechtigt erscheinen oder doch sonst besondere Vorzüge geniefsen, während freilich auch gerade umgekehrt gelegentlich alle Descendenten zu gleichen Teilen erben. Da die Oberfrau die eigentlich legitime Frau ist, so betrachten auch wohl alle Kinder, also auch die der Nebenfrauen, jene als ihre rechte Mutter (vgl. Post, Grundrifs der ethnol. Jurisprudenz I, 143). Endlich wäre noch zu erwähnen, dafs die Nebenfrauen nach dem Tode des Mannes auch wohl Sklavinnen der Oberfrau werden.

balangan und tenga; dann giebt es noch einen Raum zum
Empfang von Gästen und Fremden. Die zuerst geheiratete
Frau wohnt im prumpu, die zweite im balangan, die dritte
in einem Anbau des prumpu, die vierte in einem Anbau
des balangan. Die Nebenweiber und Leviratsfrauen schlafen
im tenga, wo jede einen besonderen durch Kadjang — Matten
— abgeschiedenen Raum hat (bei Post, Grundrifs I, 145).
Es sei noch folgende Blütenlese verschiedener Variationen
dieser Gepflogenheiten nach Post zusammengestellt: „Bei
den nordamerikanischen Indianern hatte jede der mehreren
Weiber eine besondere Hütte, bei Völkern, bei denen die
Häuser für mehrere Familien eingerichtet waren, ihr besonderes Feuer, z. B. bei den Osagen. In Afrika haben
bei vielen Völkern die Frauen ihren gesonderten Haushalt
und ihr getrenntes Eigentum und empfangen nur periodisch
die Besuche ihres gemeinsamen Ehemannes. Auf den mikro-
nesischen Inseln wohnten die Frauen ebenfalls in verschiedenen Häusern. Bei den Batak auf Sumatra ist in manchen
Strichen der Mann verpflichtet, jeder seiner Frauen ein umba-
umba, ein besonderes Haus, zu bauen. Bei den Bagobos
von Süd-Mindanao bewohnt jede Frau mit ihren Kindern
ein Haus allein; der Mann wohnt gewöhnlich mit der Haupt-
frau zusammen und gastiert nur bei der anderen. Auf den
Tanembar- und Timorlao-Inseln kommt es vor, dafs ein
Mann vier bis fünf Frauen hat, deren jede für sich besonders wohnt. Auf Luang und Sermala haben manche Männer
zwei bis fünf Frauen, welche abgesondert voneinander
wohnen. Auf Kisar lassen Begüterte ihre Frauen abgesondert bei deren Eltern wohnen. Bei Ärmeren wohnen alle
Frauen unter einem Dach, und die erste Frau führt über
die jüngeren das Regime. Auf Wetar kommt es ebenfalls
vor, dafs mehrere Frauen eines Mannes unter einem Dache
wohnen. Bei den Nuforesen auf Neuguinea hat der Papua
im Hause gewöhnlich nicht mehr wie eine Frau. Die zweite
und dritte Frau befinden sich meistens auf anderen Inseln,
wohin der Mann jährlich ein- oder zweimal reist. Bei den

Ainos bewohnen die Nebenfrauen besondere Hütten, welche sich sowohl in demselben Dorf, als auch an solchen Orten befinden können, in denen der Mann sich nur während der Jagd- oder Fischfangzeit aufhält. Nur bei Abwesenheit der Hausfrau ist es den Nebenfrauen gestattet, das eigentliche Nebenhaus zu betreten. Auf den Pelauinseln mufs der Ehemann jeder seiner Frauen die durch die Sitte festgesetzten Zahlungen leisten, alle in separaten Häusern oder in verschiedenen Örtlichkeiten halten und alle ihrem Range gemäfs behandeln" (Studien S. 71).

Was die Gründe[1]) der Polygamie anlangt, so ist vor allem die Unfruchtbarkeit der Frau namhaft zu machen, besonders wenn es sich um die für die Erhaltung des Geschlechts so ersehnte Geburt eines Stammhalters handelt. Bisweilen bedarf es (so bei einzelnen indischen Völkern) dazu der Einwilligung seitens der Frau. Diese Möglichkeit verwandelt sich mitunter zu einer Notwendigkeit, so in China, wo es geradezu eine Verpflichtung des Mannes ist, falls die Frau unfruchtbar ist, sich eine zweite zu nehmen. Auch das Levirat kann hierfür einen Grund abgeben. Sodann ist noch die besondere polygynische Ehe zu erwähnen, wo der Mann bei seiner Heirat zugleich die Schwestern seiner Frau mit zur Ehe erhält, wie z. B. bei den Cariben auf den Antillen; bei den Sioux wird die älteste Tochter des Häuptlings gekauft; dann gehören dem Manne alle anderen Töchter desselben, die er ehelichen kann, wenn es ihm zusagt (vgl. Post, Studien S. 65). Wahrscheinlich findet hier ein ursprünglicher Zusammenhang mit exogenen Gruppenehen statt. Im allgemeinen wechseln polygamische und monogamische Verhältnisse bei den einzelnen Völkern ganz willkürlich, ohne dafs man ein universales Gesetz der Entwick-

---

[1]) Der soziale Faktor des erhöhten Machtbesitzes ist oben schon erwähnt (vgl. dazu noch Letourneau, l'évolution du mariage p. 169). Es ist hier immer streng zwischen dem Hausherrn, der als soziale Figur an der Spitze des ganzen Hauswesens steht, und dem individuellen, leiblichen Vater zu unterscheiden (vgl. Post, Globus No. 4, S. 53 ff. 1893).

lung aufstellen könnte; namentlich muſs man sich vor dem weitverbreiteten Irrtum hüten, als ob die Monogamie an und für sich schon einen höheren Grad der Gesittung involviere. Während in der That die Polygynie bis weit in die Kreise verhältnismäſsig hoch gesteigerter Civilisation sich als die Norm erhält, leben z. B. die Otomaken, der wildeste Indianerstamm Columbiens, wie Letourneau angiebt, monogam (l'évolution du mariage p. 215).

### 3. Die monogamische Ehe.

Die obligatorische Monogamie findet sich wesentlich nur innerhalb derjenigen Völkerschaften, welche durch die europäische Kultur[1]) beeinfluſst sind, wobei selbstredend das Christentum eine besonders hervorragende Rolle spielt. Wie schon angedeutet, leben manche Schichten niedrigstehender Völkerschaften monogam, aber nur aus Gründen bitterer Armut, die ihnen nicht den Luxus mehrerer Frauen gestattet, während das Gesetz ihnen durchaus keine Beschränkung auferlegt. Dazu kommt dann noch die ungemeine Leichtigkeit der Ehelösung, so daſs ein Mann ohne jede weitere Schwierigkeit nacheinander verschiedene Frauen haben kann (so auf Luzon, bei den Banjars im Süden des Gambia u. s. w.). Eine Annäherung an polygynische Verhältnisse weist noch nach Krauſs Montenegro auf, indem dort nach einem alten Rechtsbrauch, der bis zur österreichischen Occupation auch in der Herzegowina galt, es erlaubt war, daſs die Frau einen zweiten Mann nehmen durfte, wenn der frühere Ehegatte neun Jahre von Hause

---

[1]) Die übrigen dahingehenden Nachrichten sind zu spärlich, als daſs sich darauf ein allgemeiner Schluſs gründen lieſse; so bestand im Aztekenreiche bereits eine Zwangsmonogamie, aber nur für das gewöhnliche Volk, oder es war den Zapoteken an Isthmus von Tehuantepec die Polygamie verboten, ebenso wie einigen indischen Kasten in Dekkan (vgl. Post, Grundriſs d. ethnol. Jurispr. I, 60).

fort war, ohne in der Zwischenzeit ein Lebenszeichen von sich zu geben. Meist geht dann seitens des ersten Mannes jeder Anspruch auf seine Frau verloren, wenn diese mit ihrem zweiten Gemahl Kinder erzeugt hat. Wenn aber beide Männer ihr Anrecht durchaus nicht fahren lassen wollen, so mufs die Frau in das Haus ihres ersten Mannes zurückkehren, während die Kinder aus der zweiten Ehe dem zweiten Manne verbleiben (Post, Studien S. 74).

Unter den sozialen Faktoren, welche zu der Annahme der Monogamie geführt haben, sind für Letourneau besonders zwei ausschlaggebend, einmal das natürliche Gleichgewicht der Geschlechter und sodann die Bildung und Festigung des individuellen Eigentums. Was den ersten Punkt anlangt, so ist es in der That beachtenswert, dafs z. B. die Häuptlinge der Dayaks aus dem Grunde sich der Polygamie enthalten, weil sie zu bemerken glauben, dafs ihr Ansehen und Einflufs leidet, wenn sie sich (wozu sie dem Recht nach befähigt sind) mehrere Frauen halten. Das zweite Moment begründet er so: „In allen mehr oder minder civilisierten Staaten hat die Sorge um das erbliche Eigentum sehr bald einen hervorragenden Einflufs gewonnen; die mehr oder minder gleichmäfsige Regelung der Fragen des Interesses bildet die solide Basis aller geschriebenen Gesetze. Überall hat sich die Vererbung bald nach mütterlicher, bald nach väterlicher Verwandtschaft entwickelt; aber nur unter monogamischer Herrschaft ist die Obhut für alle Kinder dieselbe, sowohl für die mütterliche, wie die väterliche Seite" (l'évolution du mar. p. 213). Für unsere Vorstellung ist der Zusammenhang der Monogamie mit Vater- und Elternverwandtschaft so selbstverständlich, dafs wir eine anderweitige Beziehung zunächst für ausgeschlossen halten. Es ist deshalb sehr merkwürdig, dafs, wie Post anführt, auch unter Mutterrecht Monogamie vorkommt. Bei den Khassias im nördlichen Bengalen ist die Mutterfamilie vollständig durchgeführt und daneben gilt streng monogamische Sitte. Auch bei den Kocchs gilt die Mutterfamilie mit Monogamie. Die Nachkommen einer Mutter bilden zusammen die Familie und in diese Familie treten die Ehegatten der Töchter als Mitglieder niederen Ranges ein (Studien S. 74).

## III.

### Die Verwandtschaftsverhältnisse.

Für die Entwicklung der Ehe ist die Geschichte der Verwandtschaft, die Struktur der Abstammung aus begreiflichen Gründen eine der wichtigsten Instanzen, gerade hier zeigt sich die völlige Unzulänglichkeit, mit unseren modernen Begriffen und Anschauungen jenen sozialen Prozeſs zu erklären. Anderseits tritt auch hier neben gewissen groſsen Grundformen eine fast beängstigende Mannigfaltigkeit von Variationen hervor, die bisweilen eine übersichtliche Zusammenfassung erschweren.

In erster Linie ist die besonders durch Morgan erörterte (zunächst bei den Indianern beobachtete) klassifikatorische gegenüber der descriptiven Verwandtschaft zu beachten (vgl. Morgan, systems of consanguinity and affinity of the human family, Washington 1871, Mac Lennan, studies in ancient hist. p. 331 ff. und Giraud-Teulon, les origines cap. II). Während bei dem letzteren die Verwandtschaft durch die Berechnung der Generationen hinauf bis zu einem gemeinsamen männlichen oder weiblichen Ahnen begründet wird, ordnet umgekehrt das klassifikatorische

System alle Individuen in verschiedene Verwandtschaftsstufen ohne jede Berücksichtigung des näheren oder weiteren Grades. Dort ist eine individuelle Beziehung maſsgebend, hier ein Verhältnis bestimmter Klassen und Gruppen zu anderen. Obwohl es wahrscheinlich ist, daſs das klassifikatorische Prinzip morphologisch das ältere ist, so sind doch zur Zeit darüber die Akten der Untersuchung nicht geschlossen. Dies System herrscht bei den Indianern, den Oceaniern und bei den nicht arischen Völkerschaften Indiens, das descriptive dagegen bei allen arischen, semitischen, mongolisch-tatarischen und ostasiatischen Völkern (China, Japan, Korea). Die klarste und deshalb instruktivste Form findet sich bei den Hawaiiern, die Post so beschreibt: „Sie hat fünf Klassen: 1. Groſseltern, 2. Eltern, 3. Geschwister, 4. Kinder, 5. Enkel. In der dritten Klasse stehe ich, meine Schwestern, Brüder, Vettern und Cousinen, in der zweiten stehen meine Eltern und deren Geschwister, Vettern und Cousinen, in der ersten meine Groſseltern und deren Geschwister, Vettern und Cousinen. Die vierte Klasse umfaſst meine Kinder und deren Vettern und Cousinen, die fünfte meine Enkel und deren Vettern und Cousinen. Alle Mitglieder einer Klasse sind für einander Geschwister, wobei je nach dem sprechenden Ich der ältere und der jüngere Bruder, die ältere und die jüngere Schwester unterschieden werden. Onkel, Tante, Nichte, Neffe, Cousin und Cousine existieren als besondere Worte nicht. Der Onkel nennt den Neffen Sohn, der Neffe die Tante Mutter" (Grundriss d. ethnol. Jurisprud. I, 68). Hier hat sich der Typus der Klassenverwandtschaft im Gegensatz zu der individuellen am schärfsten ausgebildet, während anderwärts alle möglichen Mittelstufen zwischen den beiden Extremen vorkommen.

Von diesem Einteilungsprinzip abgesehen, giebt es auf Erden drei verschiedene Verwandtschaftssysteme, das älteste, das der Mutterverwandtschaft, bei welchem die Abstammung, Erbfolge u. s. w. lediglich durch die Weiber vermittelt wird, sodann das der Vaterverwandtschaft, wo umgekehrt die Verwandtschaft nur durch den Mannesstamm begründet wird, und endlich das jüngste System, ein verhältnismäfsig sehr spätes Kulturprodukt, das der Elternverwandtschaft, wie wir es heutigestags kennen. Die beiden ersten Formen kommen nur vor innerhalb der primitiven Geschlechterorganisation, das letzterwähnte erst beim und nach dem Zerfall derselben. Diese drei Systeme schliefsen sich trotz ihrer prinzipiellen Unterschiede nicht völlig aus, vielmehr kommt es vor, dafs sich Mutter- und Vaterverwandtschaft bei ein und demselben Volk finden, oder Vater- und Elternrecht, ja gelegentlich auch wohl alle drei Formen nebeneinander. Auch ist es beachtenswert, dafs diese Strukturen nicht von der spezifischen Eigenart der jeweiligen Völker abhängen, sondern dafs eben dasselbe Volk nacheinander in den verschiedenen Entwicklungsstufen bald dieses, bald jenes Recht annimmt.

Die Folgen der Verwandtschaft sind um so weitgreifender und nachhaltiger, je bedeutsamer das ursprüngliche Blutsband ist, das die ersten sozialen Gebilde zusammenhält; je mehr dieser Charakter der Geschlechtsorganisation durch den modernen Staat absorbiert wird, desto mehr verblafst diese soziale Wichtigkeit. Ganz besonders zeigt sich jener Einflufs zunächst darin, dafs die Angehörigkeit der Kinder durch diese Beziehung entschieden wird, ob die betreffende ethnische Bildung eine Geschlechterorganisation, ein Stammesverband, eine Totemfamilie, eine Hausgemeinschaft oder sonst irgend eine soziale Struktur ist. Sodann richtet sich nach diesem Kriterium Rang, Würde und Stand des Kindes, nach beiden Extremen, d. h. sowohl betreffs des Adels wie der eventuellen Unfreiheit und Knechtschaft. Endlich wird alle Rechtsverantwortlichkeit durch die entsprechende Mutter-, Vater- oder Elternfamilie übernommen, und eben deshalb auch die Blutrache und Blutschuld, sowie alle übrigen sozialen Pflichten. Wo die anfängliche Geschlechterorganisation dagegen mehr und mehr verschwindet, beschränkt sich naturgemäfs die Wirkung der Verwandtschaft sehr; sie äufsert sich in der Hauptsache nur noch in Bezug auf das Erbrecht und als Ehehindernis.

### 1. Das Mutterrechtssystem.

Das mutterrechtliche Verwandtschaftssystem ist über die ganze Erde verbreitet und zwar bei den stammfremdesten Völkern, so dafs, wie Giraud-Teulon mit Recht sagt, an keine Entlehnung zu denken ist; statt aller einzelnen zufälligen Ursachen verlangen wir eine allgemeine Erklärung der nämlichen Erscheinungen (vgl. l'origine de la fam. p. 46). Das ausschlaggebende Motiv findet der französische Forscher in der Unsicherheit der Vaterschaft, ein Moment, das er dann so verwertet: „La maternité est toujours une donnée indiscutable et la seule; la paternité au contraire une simple fiction juridique. Aussi, lorsqu'il s'est agi dans les premières communautés de déterminer la filiation et la consanguinité des individus entre eux, n'a-t-on pu y parvenir qu'en indiquant leur origine maternelle: la maternité et son naif caractère de vérité sensible offraient une sécurité absolue pour constituer la famille, le cordon ombilical étant en cet ordre d'idées le seul temoignage à l'abri de toute contestation" (l. c. p. 53). Ja Teulon steht nicht an, im Matriarchat eine gewisse hohe philosophische Perspektive zu finden, die er folgendermafsen begründet: „L'organisation de la famille par les femmes porte éminemment les caractères d'une loi naturelle et nécessaire, imposée au genre humain lorsqu'il chercha à sortir de l'état de promiscuité; aux époques où le mariage — c'est-à-dire l'union durable d'un seul homme avec une femme —, n'était pas encore chose possible. A ce titre l'institution de la parenté par les femmes est un moment de haute importance dans l'histoire de développement de notre espèce et possède une valeur considérable au point de vue philosophique" (l. c. p. 55)[1]).

[1]) Ähnlich Mac Lennan, der bei dem ursprünglichen Kommunismus, wo dem Individuum als solchem noch keine Rechten und Pflichten zu-

Über die Thatsache des Mutterrechtes kann heutigestags bei allen unbefangenen Forschern kein Zweifel mehr aufkommen, und nur eine gewisse Verblendung oder ein bodenloser und unfruchtbarer Skepticismus, wie er etwa bei Starcke (Die primitive Familie, Leipzig 1888) und bei Westermarck (The origin of human marriage, Helsingfors 1886) hervortritt, kann sich dieser Begründung entziehen und das Matriarchat als vereinzelte Bildung oder gar als Zersetzungsprodukt auffassen. Wird daher durch diese Theorie die frühere landläufige Ansicht von dem bekannten, mehr oder minder idyllisch gedachten Patriarchat umgestofsen, so bedarf es allerdings zu allererst der kritisch gesicherten Antwort auf die verhängnisvolle Frage, ob das Mutterrecht hinlänglich verläfslich bezeugt ist. Überlassen wir nochmals Giraud-Teulon das Wort, indem er auf diese Fragestellung so erwidert: „Nous n'hésitons pas à répondre affirmativement. Observée directement par des témoins aussi nombreux que peu crédules, l'existence de cette famille utérine ne saurait être mise en question pour la plupart des peuples que nous venons de passer en revue. Elle a été signalée dans l'antiquité par quelques auteurs grecs, dans le moyen âge par les écrivains arabes et depuis le XVI^me siècle jusqu'à nos jours par des multiples relations de voyageurs européennes, dont les renseignements précis, toujours indépendant les uns des autres, se confirment mutuellement.

---

kommen, in der Beziehung der Kinder zur Mutter die einzig sichere Basis für eine Erbfolge erblickt: „Wherever this had been the case (nämlich das Fehlen der individuellen Ehe), the paternity of children must have been uncertain; the conditions essential to a system of kinship throngh males being formed would therefore be wanting; no such system would be formed; there would be-there could be-kinship throngh females only" (Studies p. 126). Hellwald unterscheidet von der ursprünglichen endogamen Muttergruppe das eigentliche Matriarchat, eine jüngere Bildung, wo das bewegliche Eigentum schon sich individualisiert habe, wo die Frau dem Ackerbau obliege, und eine gewisse Gesittung, insbesondere eine ausgeprägte Friedensliebe hervortrete (Familie S. 203; so auch Bachofen, Mutterrecht S. 312).

La déposition de ces témoins oculaires ne saurait d'ailleurs être suspecte. D'Hérodot à Munzinger, voyageurs anciens, explorateurs modernes, tous ont employé le même vocabulaire d'exclamations, témoignant de leur surprise à la découverte inattendue d'une semblable institution. Leur étonnement, l'absence de tout système à priori ou de thèse à défendre, leurs tentatives d'interprétation le plus souvent infructueuses, sont pour nous un précieux garant de la fidélité de leurs rapports. La plupart d'entre eux, limités à un champ d'observation relativement restreint, ont ignoré que la singularité locale que les frappait se répétait dans les temps et les lieux les plus divers, et n'ont nullement cherché à généraliser cette anomalie accidentelle. Le plus souvent l'observateur, après avoir enregistré dans ses notes ce phénomène inexplicable, passait outre, ainsi que ferait un naturaliste à la vue d'un débris fossile de forme insolite ne rentrant dans aucune classification connue. La critique la plus défiante est donc autorisée à accorder un témoignage désintéressé de ces écrivains la valeur d'un document scientifique" (l. c. p. 29).

Dies mutmafslich älteste System der Verwandtschaft, nach welchem das Kind nur mit seiner Mutter verwandt ist, dagegen mit seinem Vater weder in einem moralischen noch rechtlichen Verhältnis steht, demzufolge also auch die Männer stets nur Spröfslinge für andere Geschlechter zeugen, während die Frauen stets Kinder für ihr eigenes Geschlecht gebären, ist üblich bei den meisten Indianervölkern und oceanischen Stämmen, bei der indischen Urbevölkerung, bei vielen semitisch-hamitischen Völkern, endlich bei den Neger- und Kongovölkern. Reste, bedeutsame Rudimente desselben finden sich aber weit verstreut bei den meisten anderen Völker, die in historischer Zeit dem Vaterrecht sich angeschlossen haben, und dahin sind z. B. die meisten Nachrichten der alten Schriftsteller über solche Erscheinungen zu ziehen, z. B. betreffs der Phönizier, Hebräer, Lykier, Etrusker, Ägypter u. s. w. Als praktischen Kommentar für diese, unserem Empfinden so äufserst befremdliche Struktur der ältesten Familiengliederung kann man die Zustände betrachten, welche bei den Malaien auf den Padangschen Oberlanden in Sumatra noch heutigestags herrschen. Bachofen beschreibt dieselben folgendermafsen: „Das malaische Sa-Mandei, d. h. der engste Familienkreis (Gezin), besteht aus der Mutter mit ihren Kindern; der Vater gehört nicht dazu. Die Verwandtschaft, welche diesen mit seinen Brüdern und Schwestern verbindet, ist eine nähere, als die mit seiner Frau und seinen eigenen Kindern. Auch nach der Ehe und trotz derselben verbleibt er ein Glied des Gezin, wozu jene ersteren gehören, und ihr Haus, nicht das, in welchem seine Frau lebt, ist seine eigentliche Wohnung, sein wahres Heim. Obwohl er daher seiner Frau in der Bestellung ihrer Felder Hilfe leisten, ihr auch hie und da Kleider oder andere Unterstützung geben mag, so ist doch das Gezin, dem er seinen Beistand zunächst schuldet, dasjenige, welchem er durch seine Geburt angehört, und diesem fällt auch seine Verlassenschaft zu. Durch die Ehe werden die Bande nicht gelockert, durch welche der Malaie an seinen Blutsverwandten gebunden ist, nie verläfst er den Kreis, in welchem er aufwuchs, um enger an das neue Gezin sich anzuschliefsen, als an jenes, dem er seinen Ursprung verdankt. Vielmehr bleiben die alten Beziehungen in voller Kraft; lebenslang bilden Frau und Mann kein anderes Gezin als das, welches jedes von ihnen in seinen Brüdern und Schwestern besitzt. Haupt des Gezin ist in der Regel der älteste Bruder von der Mutterseite, der Mamak (avunculus), wie er genannt wird. Diese Person ist nach Rechten und Pflichten der eigentliche Vater der Schwesterkinder. Nach seinem Ableben tritt von den männlichen Gliedern des Samandei, dem die Mutter durch ihre Geburt, nicht durch ihre Ehe angehört, der älteste Sohn an die Stelle des Oheims. Ist noch keiner der Söhne zu seinen Jahren gekommen, so wird die Mutter mit der Leitung des Gezin betraut, und erst dann, wenn die Mutter und die Mutterbrüder nicht mehr am Leben, die Kinder aber minderjährig sind, erst dann tritt der Vater als Haupt der Familie auf. Da nun der Mann mit dem Unterhalt der Frau und Kinder nicht belastet ist und in der Regel nicht genügend dafür sorgt, so liegt die Pflicht der Alimentation auf dem Gezin, zu dem die Mutter mit ihren Kindern gehört. Dazu dienen die Güter des Gezin, das sogenannte Harta poesaka, das ein unveräufserliches Gesamteigentum desselben bildet. An das Gezin nämlich mufs der Nachlafs jedes Malaien fallen, sei er verheiratet oder nicht: seine Güter gehen auf diejenigen Blutsverwandten über, die ihm nach malaischen Begriffen die nächsten sind, also auf seine Brüder und seine Schwestern, nach diesen auf die Schwesterkinder, niemals auf seine Frau noch auf die Kinder, die er mit dieser erzeugt hat. Während seiner Lebenszeit hat er zwar das Recht des Hibah, d. h. der donatio inter vivos, und kann also auch seinen Kindern eine Zuwendung machen, aber dies darf nur mit Vorwissen der Brüder und Schwestern geschehen und ist überhaupt wenig gebräuchlich. Mit der Verwaltung des Harta poesaka ist das Haupt des Gezin betraut; die gröfste Freiheit wird ihm darin gelassen; aber der Hadat (das Gewohnheitsrecht) bindet ihn an feste Regeln. Nach dem Ableben aller Männer des Gezin wird dieses als aufgelöst betrachtet, das Harta poesaka aber unter den Häuptern derjenigen Gezinen, die aus dem aufgelösten hervorgegangen sind, zu gleichen Teilen geteilt. Solange Brüder von der Mutterseite am Leben sind, werden die Kinder dieser Mutter noch nicht als Mitberechtigte an dem Harta poesaka betrachtet, die Mutter allein hat Anteil daran, und erst dann, wenn die Brüder gestorben sind, wird das Gezin, welches aus der Mutter und ihren Kindern besteht, Eigentümer einer Portion. Die Mutter gehört, solange ihre Brüder leben, zu zwei Gezinen, aber das jüngere Gezin wird noch nicht als berechtigt anerkannt" (Antiquar. Briefe S. 54).

Derselben uralten volksphysiologischen Anschauung begegnen wir, wie bereits erwähnt, vielfach anderwärts auf

Erden. Wir greifen auf gut Glück noch einige Beispiele heraus. Wie die Mutter die alleinige Spenderin des jungen Lebens und Blutes ist, so ist darum auch das Kind nur allen denjenigen Personen verwandt, die demselben Lebensquell ihre Existenz verdanken. Für die Frau ist der nächste männliche Blutsverwandte der Bruder von derselben Mutter, deshalb ist dieser auch ihr natürlicher Beschützer und hat als solcher die Verpflichtung, über sie zu wachen, resp. z. B. auch für ihre Verheiratung zu sorgen. Und dieselbe Anschauung setzt sich nach oben konsequent fort; von den älteren Personen ist für das Weib der Bruder der Mutter, also der mütterliche Onkel (falls auch ihn und diese wieder dieselbe Mutter geboren hat), der Gegenstand besonderer Verehrung. Eines der bedeutsamsten Merkmale in den alten Verwandtschaftsbezeichnungen ist daher (bemerkt Hellwald) die Unterscheidung zwischen dem väterlichen und dem mütterlichen Onkel, dem Oheim und dem Vetter, dem $\vartheta\varepsilon\iota o\varsigma$ und $\pi\alpha\varrho\alpha\delta\varepsilon\lambda\varphi o\varsigma$ ($\pi\alpha\tau\varrho\omega o\varsigma$). Die Wolofneger Senegambiens nennen die Brüder des Vaters Papae und die Neffen väterlicherseits Domae, d. h. Kinder, während die Kinder der Mutterbrüder (Nidhiaye) Dhiaerbale, d. i. Neffen und Nichten heifsen. Die Römer selbst unterscheiden den väterlichen Oheim als patruus (pitraya im Sanskrit) vom mütterlichen avunculus, und avunculus ist eine Verkleinerungsform von avus, Grofsvater oder Ahn. In analoger Weise unterschied man im Deutschen zwischen Muoma oder Muhme, nämlich Mutterschwester oder Matertera, und Base oder Vaterschwester, eine Unterscheidung, die durch das Vorwiegen der Benennung Tante verlorengegangen ist. Der Mutterbruder oder Oheim mütterlicherseits steht nun bei einer grofsen Anzahl von Volksstämmen in einer besonderen Beziehung zu seinem Neffen, die nicht besser ausgedrückt werden kann, als mit den von Tacitus bei den Germanen gebrauchten Worten, indem er von dem avunculus (qui apud patrem honor) sagt: sanctiorem arctioremque hunc nexum sanguinis arbitrantur. Die gröfsere Heiligkeit dieses

Verwandtschaftsverhältnisses, die Ansicht, dafs die Verwandtschaft zwischen Oheim und Neffe eine engere sei, als zwischen Vater und Sohn, findet sich unter anderem bei den Batta auf Sumatra, bei den Vitiinsulanern im pacifischen Ocean, bei den Kenaivölkern Nordwestamerikas, bei den Khasia in Assam, an der Malabarküste, bei den Schwarzen am Kongo, in Loango, Senegambien und an unzähligen anderen Orten, ganz vornehmlich aber in Afrika, und zwar dort, wie anderwärts zumeist in Verbindung mit der matriarchalischen Verwandtschaft, von welcher im Altertume Spuren bei den Lokrern, Etruskern und Lykiern sich zeigen[1]) (Familie S. 204). Dahin gehört auch die Notiz des Nicolaus Damascenus, dafs bei den Lykiern der Besitz von der Mutter auf die Tochter übergehe, nicht auf den Sohn, so dafs damit auch offenkundig die Erbfolge nach streng weiblichem Prinzip geregelt erscheint.

Die Wirkungen des Mutterrechts sind aufserordentlich mannigfaltig. Zunächst ist hervorzuheben, was schon flüchtig berührt wurde, dafs überall die Kinder bei exogamen Ehen dem Verbande der Mutter folgen; das gilt für alle soziale Abstufungen, einerlei ob wir es mit Totemfamilien, Stammesabteilungen oder Hausgenossenschaften, Kasten u. s. w. zu thun haben. Und ebenso entscheidet sich dadurch die weitere Konsequenz der sozialen Stellung des Kindes, ob adelig oder unfrei; selbst wo die Väter Sklaven sind, sind die Kinder frei, falls die Mutter eine Freie war[2]). Ebenso vererben sich, wie schon angedeutet, höhere Würden und Ämter; ebenso geht die Pflicht der Mundschaft auf die nächste durch die Weiberseite verwandte Person über, die dann auch bei der Volljährigkeitserklärung eine Rolle zu

---

[1]) Bekanntlich hat seiner Zeit Bachofen seine folgenreiche Untersuchung angeknüpft an die bedeutsame Notiz Herodots von den Lykiern, dafs, wenn sie nach ihrer Herkunft gefragt würden, das Geschlecht ihrer Mutter angäben und sich nach ihren Müttern benannten.

[2]) So bei den Berbern, an der Guineaküste, bei den alten Lykiern, bei den Batak auf Sumatra u. s. w.

spielen hat. Dasselbe Prinzip wird befolgt für die Erbfolge im Vermögen. Endlich ist in betreff der Blutrache nur derjenige zu ihrer Ausübung verpflichtet und berechtigt, die irgend mutterrechtlich mit dem Erschlagenen verwandt sind.

Aufser den direkten Zeugnissen für den Bestand des Matriarchats giebt es aber auch noch eine ganze Reihe höchst bedeutsamer Rudimente, prähistorischer Überlebsel, welche dem Auge des kundigen Forschers die Struktur der ganzen sozialen Organisation, von der sie nur ein versprengtes, geringfügiges Stück darstellen, verraten. Wir müssen uns bei der grofsen Fülle des Materials auf einige Erscheinungen notgedrungen beschränken. Zunächst sei in Anknüpfung an die eben besprochene Erbfolge an das Neffenrecht erinnert, wie es z. B. Bastian an der Westküste Afrikas vorfand, der die Verhältnisse folgendermafsen schildert: „Die Prinzen betrachten sich alle als Brüder aus einer Familie und können sich deshalb nicht mit Prinzessinen vermählen, sondern sind auf Frauen des Volkes (aus dem Fioth) angewiesen, weshalb ihre Kinder nicht den Titel Fume (Prinzen) führen, sondern Mani-Fume (Prinzensöhne) genannt werden und prinzlichen Ranges entbehren. Die Söhne der Prinzessinnen dagegen sind volle Prinzen, obwohl ihr Vater fast immer dem Fioth angehört. Die Prinzessinnen bleiben gröfstenteils unverheiratet, da sie sich mit den Prinzen (als ihren Brüdern) nicht vermählen können und ein Gemeiner die Verheiratung mit einer Prinzessin meidet, weil diese nach ihrem Belieben mit anderen Männern zusammenlebt, während er enthaltsam sein mufs und als Gatte einer Prinzessin keine andere Frau berühren darf. Sobald die Prinzessin einen Sohn gebärt, mufs ihr der Gatte für die Ankunft dieses jungen Prinzen zwei Sklaven zahlen oder, wenn ihm dieser Aufwand unmöglich ist, sich selbst als Sklaven stellen. Nur verarmte Fioth, die wegen vieler Kabalen sich nirgends mehr sicher fühlen, gehen die Ehe mit einer Prinzessin ein, da sie dann durch deren Rang geschützt sind" (Deutsche Expedition an der Loangoküste I, 148). Ähnlich ist es in Angola, wo der Oheim, der die volle Macht über seinen Neffen besitzt, als Vater (Tate) angeredet wird. „Der Vater besitzt keine Gewalt über seinen Sohn, den er nicht, wie der Oheim den Neffen, verkaufen kann, und bei eintretender Scheidung folgen die Kinder der Mutter, weil dem Bruder derselben, als Oheim, gehörig. Die Kinder mögen dann von der Mutter erben, während das Besitztum des Vaters auf seinen Bruder oder Neffen übergeht" (a. a. O. S. 166). Und dazu gehört noch die bei Bastian angeführte Notiz Bosmans über Guinea: „Der Bruder oder die Schwesterkinder sind die rechtmäfsigen und allein zulässigen Erben, so dafs der älteste Sohn in der Familie seines Mutterbruders Gut erben mufs oder auch dessen Sohnes, wenn er einen hat, und die älteste Tochter ihrer Mutterschwester Gut oder auch deren Tochter, wenn sie eine hat, erblich nehmen mufs. Die von Vaterseite noch lebenden Freunde, als der Vater, Bruder und Schwester, werden für Nichts gerechnet und folglich zu keiner Erbschaft gelassen". Endlich ist es eine Illustration desselben Gedankens, wenn Bastian in Assam auf der Leichenstätte der Kassia die Malsteine der Familienangehörigen je um den mütterlichen Oheim geordnet fand.

Eine andere charakteristische Sitte ist die bei den verschiedensten Völkern bestehende Sitte einer mehr oder minder starken Feindschaft, jedenfalls einer geflissentlich zur Schau getragenen Abneigung zwischen Schwiegersohn und Schwiegersleuten, andererseits auch zwischen den Ehegatten selbst. So erzählt Bastian, dafs bei den Ashanties Schwiegersohn und Schwiegermutter sich nur aus respektvoller Entfernung unterhalten dürfen, mit niedergeschlagenen Augen, ohne sich gegenseitig anzusehen, nur verstohlen miteinander verhandeln und beim Begegnen mit abgewendetem Gesicht aneinander vorübergehen (Deutsche Exped. I, 168). Ähnliches wird von den Kaffern, oder um einen anderen Erdteil zu nennen, von den nordamerikanischen Stämmen der Dakota, Assiniboin, Omaha und Mandans berichtet[1]). Die eigentümliche Spannung, welche zwischen den Ehegatten bei dem wilden Räuberstamm der Tubus in der Sahara nach der Schilderung von Nachtigal herrscht, hat, wie Lippert vermutet, ihren Grund darin, dafs die jetzige harte Raubehe als ein gewaltthätiger Eingriff in die geheiligten Rechte der Familie und damit von der Mutter ganz besonders schwer empfunden wurde. „Die Ehe ist jetzt daselbst Kaufehe. Der Frauen sind wenige in diesem armen Lande, ihre Arbeit ist hart, ihr Preis darum hoch: Kamele, Esel, Schafe und Ziegen; aber noch mischt sich viel Altes mit Neuem. Während der Lappe noch selbst in Person dem Hause seiner Schwiegermutter angehört, führt der Tubu seine Frau schon in sein Haus, behält sie aber hier nur sieben Tage, dann aber kehrt sie für längere Zeit wieder in das Haus der Eltern zurück. Ihr Verhalten erinnert an die Zeit getrennter Männer- und Frauenwirtschaft; nie nimmt sie Nahrung in Gegenwart ihres Mannes zu sich, es giebt für beide kein gemeinsames Mahl. Selbst ungesühnte Feindseligkeit scheint die Sitte zu bezeichnen: sie spricht zu ihm nur abgewendeten Gesichts und vermeidet es, seinen Namen auszusprechen. . . . Noch weiter zurück führt der Brauch: Der verheiratete Mann verliert eigentlich sogar noch seinen Namen, ganz als wäre er immer noch durch die Ehe das Glied eines fremden Hauses geworden; nur als der Vater seiner Kinder wird er umschreibend bezeichnet, als hänge immer noch am Kinde der Muttername und das Muttergeschlecht. Auch die Anverwandten seiner Frau scheinen das Gefühl zu haben, zu ihm in eine höchst delikate und schwierige Stellung getreten zu sein. Für die Schwiegereltern und die Geschwister der Frau wird er ein Individuum, dessen man nur im Notfalle unter seinem eigenen Namen Erwähnung thut, und das man meidet, soweit es möglich ist. Sitzt er in einer Gesellschaft von Männern und seine

---

[1]) Vgl. Post, Studien zum Familienrecht S. 100.

Schwiegermutter kommt herbei, so steht er eiligst auf und entfernt sich; kommt sein Schwager und erblickt ihn, so bleibt er zwar sitzen, doch jener geht vorüber. Andererseits setzt er sich nicht nieder in einer Versammlung, in der sich sein Schwager befindet, sondern zupft sich seinen Litam (Schleier) über das Gesicht und schreitet vorüber . . . Es ist in der That bewunderungswürdig, mit welcher Selbständigkeit die Frauen der Tubu dem Hausstande vorstehen und in der Abwesenheit ihrer Männer die gemeinsamen Geschäfte besorgen. Der Mann bleibt monate- und selbst jahrelang aus, und Haus und Kinder, Ziegen und Kamele bleiben ganz der Frau überlassen, welche, ohne jemals fremden Beistandes zu bedürfen, alles überwacht, die Kinder abwartet, die Haustiere besorgt, Kauf und Verkauf abschliefst, den Wohnsitz wechselt und Reisen im Innern des Landes macht. Ja, man hegt im allgemeinen in Tibesti die Ansicht, dafs die Frau besser zur Besorgung dieser Geschäfte geeignet sei als der Mann. Die Frauen haben dort in der That nicht allein den determinierten Gang eines Mannes und seine Fertigkeit im Tabakkauen, Gewohnheit und Erziehung haben ihnen auch den geschäftlichen Sinn, den Verstand und die Entschlossenheit gegeben, die sonst nur dem starken Geschlecht eigen zu sein pflegen" (bei Lippert, Geschichte der Familie S. 44).

Ebenso offenbart sich in der Art der Haushaltung ein sehr bedeutungsvolles Zeichen einer älteren, vielfach eben nicht mehr zu Recht bestehenden Organisation. Wie Männer und Frauen sich auch äufserlich voneinander in bestimmten Associationen sonderten, so auch in Bezug auf die Mahlzeiten; besonders ist das der Fall bei bestimmten Speisen, deren Genufs den Frauen untersagt ist, wie z. B. auf den Südseeinseln Schweinefleisch, Schildkröten u. s. w., während sie sich in der Hauptsache auf vegetabilische Kost zu beschränken haben. Gemeinsame Mahlzeiten existierten nicht, vor allem nicht, wenn es sich um den höchsten Leckerbissen handelte, um das Fleisch des erschlagenen Feindes. Ähnlich ist es in Afrika, wie Lippert erzählt: „Wie der Zulu und Betschuane noch den Ackerbau der Frau[1]) und die Viehzucht der Männer als zwei getrennte Betriebe betrachtet und bis zu einem gewissen Grade behandelt, so teilen auch dort beide Geschlechter sich in verschiedene Arbeit, wenn auch schon eine Art Industrie an die Stelle der Viehzucht oder zu dieser hinzugetreten ist. Hier scheinen die Frauen und Männer trotz ehelicher Bündnisse wenigstens teilweise, gleich den genannten Stämmen in den Heidenstaaten, getrennte Wirtschaftsverbände zu bilden, indem wenigstens die Männer sich gesellig zusammenhalten und gemeinsam am Wohle des Hauses und Staates arbeiten. Sie bringen zu dem Zweck den Tag gesellig in einer jener öffentlichen Ortshallen zu, die man in Westafrika Palaverhäuser nennt. Indem sie hier, wie es Sache des Mannes ist, unter Konsumtion des ortsüblichen Getränkes grofse und kleine Politik treiben, nähen sie allenfalls die schmalen Leinwandstreifen zu den gesuchten Tobenstoffen zusammen. Die Frauen aber bringen das Männeressen und die entsprechenden Mengen Getränks in diese Versammlungen, so dafs die Männer auch gemeinsam speisen und zechen, indes die Frauen ihre Mahlzeiten für sich einnehmen" (l. c. S. 52). Betreffs Sparta erinnere man sich der bekannten Syssitien, die übrigens, beiläufig bemerkt, auch in anderen griechischen Staaten bestanden.

Auch in moralischer Beziehung macht sich bis weit in die Zeit des späteren Vaterrechts hinein das ursprüngliche Matriarchat in der überall zu beobachtenden Ehrfurcht geltend, die den Frauen und insbesondere den Müttern von dem stärkeren Geschlecht entgegengebracht wird. Es war schon früher auf die ungeheuchelte Ehrerbietung hinge-

---

[1]) Dasselbe berichtet Strabo von den alten Cantabrern, wo der Schwiegersohn in das Haus der Frau übersiedelt, Livingstone von den Balonda am Zambesi im südöstlichen Afrika und Loskiel von den Irokesen; vgl. im allgemeinen Dargun, Mutterrecht und Vaterrecht, I. Hälfte. Die Grundlagen, Leipzig 1892, S. 63 ff.

wiesen werden, welche die wilden Räuberstämme der Sahara ihrer Frau zu erweisen pflegen; dasselbe ist der Fall — nur noch vielleicht in einer stärker ausgeprägten politischen Form — bei den sogenannten Heidenstaaten, südlich von den Njillem in Zentralafrika, wo die Bewohner, wie seiner Zeit sich Nachtigal überzeugen mufste, — anfänglich hielt er die Sache für eine reine Fabel — von einer Königin regiert werden. Deshalb wird ihr Land auch Bê-Mbang-Nê Land der Königin genannt. Dazu führt Hellwald noch eine bezeichnende Parallele an: „Einer der chinesischen Urstämme wird von einem Weibe beherrscht, das den Titel Noi-Tak führt. Die Unterthanen bringen ihrer Regentin die denkbar gröfste Verehrung entgegen; sie sind als Nue-Kun, d. h. das von einer Frau regierte Volk, bekannt und von den Chinesen dieserhalb ganz besonders verachtet. Die Thronfolge ist auf die weiblichen Mitglieder einer bestimmten Dynastie beschränkt" (Gesch. d. Fam. S. 215). Endlich gehört dahin, was Nachtigal von dem Stamm der Baele in Zentralafrika erzählt: „Bei den Baele scheint der Respekt vor dem Erzeuger, die Achtung vor dem Alter auf einer niedrigen Stufe zu stehen. Sobald der Sohn zum Manne herangereift ist, fühlt er sich vom Gehorsam gegen den Vater entbunden; er zankt und streitet mit ihm, wie mit einem Fremden, und es soll nicht selten geschehen, dafs er wegen irgend eines Streitobjekts die Waffen gegen den erhebt, der ihn erzeugte. Wenn dieser alt und gebrechlich wird und eine junge Frau hat, so kommt es wohl vor, dafs der Sohn sich ohne weiteres in den Besitz der letzteren setzt, während ihm nach der Landessitte dieselbe erst nach dem Tode des Vaters zufallen würde" (Sahara und Sudan II, 176)[1]).

---

[1]) Auch für die ältere ägyptische Entwicklung scheint diese Hochschätzung der Mutter zuzutreffen, wie aus dem in Steinschriften häufig vorkommenden Ausdruck hervorgeht: Mein Herz ist von meiner Mutter (vgl. Lippert, Kulturgesch. II, 49). Sodann in betreff der hervorragenden Stellung der germanischen Hausmütter, die durch die Deutung der Lose den Beginn eines Kampfes entscheiden vgl. Lippert, Familie S. 58.

Nicht minder charakteristisch sind endlich die Überlebsel früherer Anschauungen und Einrichtungen auf religiösem Gebiete, wieder ein neuer Beweis für den unverbrüchlichen Zusammenhang des sozialen Lebens mit religiösen Vorstellungen. Bachofen hat die epochemachende Bedeutung des Eumenidenmythus in der Äschyleischen Orestie zum erstenmal in dieser Beziehung richtig gewürdigt; es trifft hier die ältere, aber vor den siegreichen älteren Ideen der neuen Zeit widerwillig zurückweichende Organisation des Mutterrechts mit dem Vaterrecht zusammen; der Konflikt scheint schneidend und unlösbar, bis endlich unter der Vermittlung der mannweiblichen Athene eine gewisse Versöhnung eintritt und das alte, unheimliche Werk der Blutrache durch das nach strengen Rechtsgrundsätzen urteilende Blutgericht abgelöst wird[1]). „Vor diesem Gerichtshof (bemerkt Lippert) vertritt nun in der Tragödie die Erinnys das Mutterrecht gegen Apollo und Orest. Sie kann von ihrem Standpunkt aus nicht anerkennen, dafs auch das Weib eine Blutschuld treffe durch den Mord des Gatten und des Vaters ihres Kindes. „Sie war dem Manne nicht blutsverwandt, den sie erschlug," — darum hat keine Erinnys rächend ihre That verfolgt; die Rache folgt nur dem Blute, darum stürzt sie sich auf Orest allein:

> Trug denn, du Blutger, unter ihrem Herzen sie
> Dich nicht? Verschwörst du deiner Mutter Blut?

So ist der Mann vogelfrei gegenüber dem herrschenden Weibe; aber Apollo führt die Rache ein auch für den Mann und zugleich das beschränkende Gericht; er heifst Orest die That vollbringen und reinigt ihn vom Blute; Apollo verkündet vor den Richtern das jüngere Gesetz der Vaterfolge:

> Nicht ist die Mutter ihres Kindes Zeugerin,
> Sie hegt und trägt das auferweckte Leben nur;
> Es zeugt der Vater, aber sie bewahrt das Pfand,
> Dem Freund die Freundin, wenn ein Gott es nicht verletzt.

---

[1]) Vgl. Bachofen, Mutterrecht S. 45 ff.

Die Erinnyen erfassen ganz die Wucht des Satzes und der Zeiten Umschwung:

> Darnieder stürzest du die Mächte grauer Zeit!
> Du, der junge Gott, willst uns, die alten niederrennen.

Athene entscheidet mit ihrem Stein den Spruch, und sie, die der Mythus mutterlos gemacht (ihre Geschichte wiederspiegelnd) zerschneidet vollends den Faden der Vergangenheit:

> Für Orest leg ich diesen Stein hinein,
> Denn keine Mutter wurde mir, die mich gebar.
> Drum acht ich minder sträflich jetzt den Mord der Frau,
> Die umgebracht hat ihren Mann, des Hauses Haupt.

Dies war das erste Blutgericht unter den Sterblichen; die Vergangenheit kannte nur Rache — kein Gericht. Klagend singt der Chor der geschlagenen Erinnyen:

> O neue Götter — alt Gesetz und uraltes Recht,
> Ihr rennt sie nieder, reifst sie fort aus meiner Hand.

Athene ist wieder die Vermittlerin. Zwar nehmen die Erinnyen, dem alten Mutterkult entsprechend, ihren Wohnsitz in den Tiefen der Erde; aber Athene, die weise Göttin, sichert ihnen Kult und Verehrung der Menschen und gewinnt sie so; in der That hat Hellas neben den uranischen Kulten der Eroberer die chthonischen des friedlichen Hauses bewahrt, neben dem des Odysseus auch der Penelope ihr herrliches Denkmal gesetzt" (Familie S. 79).

Um mit diesem Kapitel abzuschliefsen, so nennen wir noch an letzter Stelle die zahlreichen Amazonensagen, in denen sich religiöse und soziale Motive mischen. Wenn auch der Zusammenhang dieser Erscheinung mit dem von Bachofen verfochtenen anfänglichen Hetärismus, so wie dieser überhaupt, fraglich erscheinen kann, so dürfte doch die folgende Darstellung im ganzen auf Zustimmung rechnen: „Das Amazonentum stellt sich als eine ganz allgemeine Erscheinung dar. Es wurzelt nicht in dem besonderen physischen oder geschichtlichen Verhältnis eines bestimmten Volksstammes, vielmehr in Zuständen und Erscheinungen des menschlichen Daseins überhaupt. Mit dem Hetärismus teilt es den Charakter der Universalität. Die gleiche Ursache ruft überall die gleiche Wirkung hervor. Amazonenerscheinungen sind in die Ursprünge aller Völker verwoben. Aus dem inneren Asien bis nach dem Occident, aus dem scythischen Norden bis in den Westen Afrikas lassen sie sich verfolgen; jenseits des Oceans sind sie nicht weniger zahlreich, nicht weniger sicher, und selbst in sehr nahe liegenden Zeiten mit dem ganzen Gefolge der blutigsten Rachethaten gegen das männliche Geschlecht beobachten wir sie. Die Gesetzmäfsigkeit der menschlichen Natur sichert grade den frühesten Stufen der Entwicklung am meisten den typisch-allgemeinen Charakter. Eine zweite Thatsache schliefst sich dieser ersten an. Das Amazonentum bezeichnet trotz seiner wilden Entartung eine wesentliche Erhebung der menschlichen Gesittung ... In ihm tritt das Gefühl der höheren Rechte des Muttertums zuerst den sinnlichen Ansprüchen der physischen Kraft entgegen, in ihm liegt der erste Keim der Gynäkokratie, welche auf die Macht des Weibes die staatliche Gesittung der Völker gründet. Gerade hierfür liefert die Geschichte die belehrendsten Bestätigungen." (Mutterrecht S. 24). Bezeichnend ist endlich für diese mythologische Übergangsepoche die Heroenfigur des die neue Aera, die Vaterschaft vertretenden Herakles, der sich, wie treffend Diodor sich ausdrückt, vorgenommen hatte, das ganze menschliche Geschlecht ohne Ausnahme zu beglücken und es deshalb für Unrecht hielt, einige Völkerschaften unter der verächtlichen Frauenherrschaft zu belassen. Herakles erscheint daher überall als Weiberfeind, als Heros des Vaterrechts.

## 2. Das Vaterrechtssystem.

Den entsprechenden Gegensatz zu der durch die Mutter vermittelten Verwandtschaft bildet das System des Vaterrechts, das ebenfalls weit auf der Erde verbreitet ist. „Es ist (schreibt Post) das herrschende System bei allen indogermanischen, mongolisch-tartarischen, semitischen Völkern, sowie bei den Chinesen, Japanern und Koreanern. Im indianischen Völkergebiet erscheint es vereinzelt, namentlich bei südamerikanischen Stämmen und bei den Kulturvölkern Zentral- und Südamerikas. Im oceanischen Gebiet ist es im allgemeinen selten; häufiger findet es sich nur im malaischen Archipel. In Afrika ist es das herrschende System bei den Hottentotten und ihren Verwandten. Bei den Semito-Hamiten, Negervölkern und Kongovölkern erscheint es häufig neben dem Mutterrechtssystem" (Grundriss d. ethnol. Jurispr. I, 79). Es setzt jedesmal eine Erstarkung des Vatertums voraus, meist auf herrschaftlicher Basis durch die weitere Entwicklung des Schutzverhältnisses zwischen dem Stammherrn und Frauen und Kindern; auch das Beziehen fester Wohnsitze spielt dabei eine gewisse Rolle, wobei natürlich dann die dadurch bedingte Veränderung der Lebensweise noch mit in Betracht kommt. Wie schon früher erwähnt, finden sich viele instruktive Beispiele des allmählichen Überganges von der ursprünglichen mutterrechtlichen zur späteren vaterrechtlichen Verwandtschaft, während der umgekehrte Fall einer Entwicklung des Matriarchats aus dem Patriarchat schlechterdings nie vorkommt. Schon dieser Umstand bildet ein starkes Präjudiz für die Priorität der mutterrechtlichen Verwandtschaft.

Maſsgebend ist vor allem der Gedanke, daſs nun nicht mehr, wie vordem, das natürliche Blutsband den biologischen und sozialen Zusammenhang begründet, sondern die Gewalt. Es kann daher die allmähliche Zersetzung des ursprünglichen Prinzips nur so vor sich gegangen sein, daſs anfänglich die Kinder von Sklavinnen oder Adoptivkinder den

Besitz des Vaters ausmachten, während seine leiblichen Spröfslinge solange noch in der Mundschaft des Mutterbruders blieben, bis sie durch Brautkauf und die sich daraus entwickelnden Konsequenzen sein Eigentum wurden (vgl. Post, Grundlagen des Rechts S. 97). Aus dieser Perspektive erklärt sich die häufig fast schrankenlose Macht des Patriarchen über Leben und Tod der Seinen, eine Befugnis, die sich schon auf das zarteste Alter erstreckt. Lippert bemerkt: „Der Vater des Herrenrechts hat zunächst keine Pflichten; das Kind der in seiner Mundschaft stehenden Mutter kann keinem anderen gehören als ihm, aber dieses Recht des Besitzes verpflichtet ihn nicht. Nur er kann das Kind aufnehmen, aber niemand mufs es aufnehmen. Es ist gar nicht sein Kind, wenn er es nicht aufgenommen; erst nach erfolgter Aufnahme gewinnt es den Anteil an dem Schutze des Hauses, das im Vater repräsentirt ist. In der That wurde bei den Altgermanen — insbesondere erhielten uns altnordische Sagen die Kenntnis der Sitte — das neugeborene Kind auf den Boden gelegt, und der Herr des Hauses entschied. Hob er es auf oder befahl er, es zu thun, so wurde es hiermit sein Kind; im anderen Fall blieb es nicht am Leben. Nicht minder galt in Rom der Satz: Geburt und Aufhebung machen rechtmäfsige Kinder. Die sublatio mufs zur Geburt hinzukommen. Die nordischen Chronisten sprechen fast immer mit Beziehung auf den Vater nur von Kindern, die er „aufgehoben", von der und jener aufgehoben, nicht von solchen, die er gezeugt habe oder die ihm geboren worden seien; denn mit Zeugung und Geburt ist ihnen das Verhältnis zum Vater noch nicht geknüpft; erst durch Aufhebung geschieht solches. Das Gegenteil führt zur Aussetzung der Kinder. Unser Gefühl sträubt sich, den Umfang zu erfassen, in welchem diese einst auf der ganzen Erde geübt wurde. Von welchem wilden Volke berichten die Reisenden nicht die bezügliche Nachricht, und in welches Volkes Urgeschichten spielen nicht die Aussetzungssagen eine Rolle! Überall ist die Aussetzung ursprünglich gedacht als ein selbstverständliches Recht der Eltern; nur verliert unter Vaterherrschaft konsequenterweise die Mutter das Recht der Entscheidung. Sie würde jetzt durch Tötung des Kindes, wenn nicht einen Mord, so einen Diebstahl am Vermögen des Mannes begehen. Die Entscheidung aber des Vaters kann in der Urzeit durch nichts beschränkt gewesen sein. Wohl aber konnten mancherlei Gründe für die Aussetzung sprechen. In der Regel war es die harte Lebensnot und die Unmöglichkeit einer zulänglichen Fürsorge, welche in irgend einer Form an das Haus herantraten" (Familie S. 124). Und doch liegt es nur zu nahe, dafs der Herr doch in der Auswahl der seinen Besitz repräsentierenden Kinder nicht nur und allein sich durch äufsere Gründe (Gesundheit) leiten liefs, sondern auch durch Vorstellungen, die auf das ursprüngliche Blutsband zurückgriffen. Mag er zum Helfer und Beistand sich irgend einen seiner Knechte ausersehen, in betreff der eigenen Nachfolge wird er immer dem eigenen Blut den Vorzug geben, und unzweifelhaft mit Recht behauptet Dargun: „Auch die Gewaltbeziehung zwischen Vater und Kind kann zu einer äufserst innigen werden. Der Vater sieht im Sohn einen Streiter im Kampfe für die Interessen seines Geschlechts, einen Fortpflanzer seines Namens und seines Ruhmes" (Mutterrecht und Vaterrecht, Grundlagen S. 89)[1].

Im ganzen und grofsen läfst sich mit Giraud-Teulon das System der Mutterverwandtschaft als eine durch die Natur selbst erzwungene Notwendigkeit charakterisieren, oder, wie er es auch bezeichnet, als eine Einrichtung des Naturrechts im Gegensatz zu der Bestimmung des bürgerlichen Rechts im Patriarchat, das sich auf die blofse brutale Gewalt des Mannes gründet. Es kommt diesem Recht der Besitzergreifung, das sich in der Vaterherrschaft ausdrückt, ein gewisser künstlicher Charakter zu, im Gegensatz zu der natürlichen Verwandt-

---

[1] Vgl. im allgemeinen Giraud-Teulon, Les origines de la famille p. 144 ff., Letourneau, L'évolution du mariage p. 375 ff., Mac Lennan, Studies p. 198 ff., Maine, Ancient Law p. 138 ff.

schaft sehen wir hier schon die Anfänge einer fictiven (les origines p. 146). Um so weniger gerechtfertigt war es, wenn man auf Grund der bekannten biblischen und homerischen Schilderungen in dieser sozialen Struktur den Anfangspunkt der staatlichen Entwicklung überhaupt finden wollte, indem man von diesem innerhalb seiner Familie mit unumschränkter Souveränetät herrschenden Hausherrn ausging und dann in unmerklicher Grenzverschiebung aus der Familie einen Clan und aus diesem einen Stamm hervorwachsen liefs. Wie schon früher bemerkt, konnte sich diese mit apriorischer Sicherheit auftretende Ansicht den gewichtigen Zeugnissen der modernen Völkerkunde gegenüber nicht halten, und es erschien, wie Giraud-Teulon sich ausdrückt, unterhalb der klassischen Völker ein weites Areal menschlicher Wesen, die während einer unbegrenzten Periode einst grofse Flächen des Erdballs eingenommen und Notwendigkeiten, Gesetzen und Ideen gehorcht haben, die ganz und gar denen der historischen Völker entgegengesetzt sind. Die organischen Gesetze der Familie während dieser altertümlichen Periode scheinen ganz allgemein auf dem natürlichen Grunde der Mutterfolge und nicht auf dem Prinzip der väterlichen Gewalt beruht zu haben (l. c. p. 7).

Die Wirkungen dieses Vaterrechtssystems lassen sich ebenso konsequent bis in das Detail des praktischen Lebens (von der sozialen Struktur zu schweigen) verfolgen, wie beim Mutterrecht, nur selbstverständlich nach der entgegengesetzten Richtung. Zunächst tritt das wieder betreffs des Namens und der Erbfolge hervor; wo mithin Vater und Mutter eines Kindes verschiedenen sozialen Verbänden angehören, z. B. verschiedenen Totemfamilien, Stammesabteilungen, Hausgenossenschaften u. s. w., folgt das Kind jeder Zeit dem sozialen Verbande des Vaters. Dasselbe gilt vom Namen. Ferner vererben sich sämtliche soziale Unterschiede und Auszeichnungen, Adel, Freiheit, Häuptlingswürde, Königtum, Kaste u. s. w. nach der Vaterseite. Ebenso sind alle Pflichten und Rechte anderer Art Eigentum des Mannes und seiner leiblichen Descendenten, so die Obhut über alle vaterrechtlich verwandte Personen, das Recht über Leben und Tod, Verkauf- und Verpfändungs-, ferner Verlobungsrecht, die Befugnis, die Frauen zu verkaufen, das Recht auf Blutrache u. s. w. Endlich könnte man noch erwähnen, dafs bei Vaterrecht die Kinder im Fall einer Ehescheidung oft dem Vater verbleiben, während andererseits freilich auch der Fall vorkommt, dafs die Kinder an und für sich in das Geschlecht der Mutter fallen, der Vater aber das Recht hat, dieselben der Frauenfamilie abzukaufen, so z. B. bei der Ambil-anak-Ehe auf Sumatra, oder es erstreckt sich dies Recht nur auf die Möglichkeit des Erwerbes der Knaben, während die Töchter der Mutter verbleiben. Einen charakteristischen Rest dieser Anschauung, der sich im altirischen Recht findet, führt Post an: „Der Entführer hatte auf Kinder, welche im ersten Monat erzeugt wurden, kein Recht, sondern sie gehörten der Familie der Mutter. Diese kann sie dem Entführer verkaufen. Bei gewaltsamer Entführung steht es in ihrer Wahl, ob sie dies will. Will sie es, so mufs der Entführer sie kaufen. Bei Entführung mit Zustimmung der Frau hat dagegen der Vater die Wahl, ob er die Kinder kaufen will oder nicht; will er es, so ist die Familie der Frau gesetzlich verbunden, sie ihm zu verkaufen" (Studien S. 11).

Daraus geht hervor, was wir später bei der Raubehe noch genauer sehen werden, dafs für diesen ganzen, so folgeschweren Umschwung der Dinge die Vorstellung der Besitzergreifung, wie oben schon angedeutet, des persönlichen Erwerbes und der individuellen Nutzniefsung mafsgebend war. Wie im Laufe der Entwicklung der erbeutete Gefangene nicht mehr nach dem rohen und nationalökonomisch widersinnigen Prinzip einfach hingeschlachtet, sondern als Sklave im Haushalt verwendet wurde, so fiel auch das erbeutete Weib als persönliches Sondereigentum in die Hände des kühnen Entführers, der damit ein ausschliefsliches Anrecht über sie erworben hatte, worauf seine übrigen

Geschlechtsgenossen keinen Anspruch geltend machen konnten. Richtig bemerkt Hellwald: „Auch bei den Nichtnomaden, sofern sie nur Frauenraub übten, erwuchs dadurch nach einer Entwicklung von unberechenbarer Dauer das Eigentum am Weibe, indem die allmähliche Entwicklung des Privateigentums die Herrschaft über das Weib in ein Eigentumsverhältnis umwandelte, d. h. in ein vom Gemeinwesen geschütztes und gewährleistetes Herrschaftsverhältnis. Erst diese Gewähr des Privatbesitzes macht ihn zum Privateigentum, und erst diese letzte Stufe des Privateigentums am Weibe stellt einen Begriff dar, der jenem unserer Ehe einigermafsen entspricht. Eine Ehe wurde aus diesem Besitzverhältnisse allerdings nur dadurch, dafs endlich die Stellung der Mutter vom Boden des Mutterrechtes aus auf die erworbene stammfremde Frau übertragen wurde; im anderen Falle sonderte sich von der Frau die Kebsin und die Sklavin. Weil nun der Mann im Besitze des Weibes ist, darum gehören auch deren Kinder als ihre Frucht in sein Eigen. So entsteht (und das ist besonders beachtenswert) ein neuer Begriff des Vaters als desjenigen Mannes, der die Herrschaft über eine Gruppe ihm eigentümlich zugehörender Menschen übt. Der Vater in diesem Sinne ist der Herr, der Patriarch. Die Vorstellung des Erzeugers ist damit aber noch nicht verknüpft" (Familie S. 285)[1]). Mit dieser Anschauung hängt die vielfach verbreitete Sitte zusammen, irgend einen gemeinsamen Stammherrn des Geschlechts aufzustellen, obwohl nachweislich kein biologischer Zusammenhang existiert. Offenbar soll dadurch, nach Analogie der früheren Blutsverwandtschaft, die Solidarität der ganzen Organisation verstärkt werden, das Gefühl einer Zusammengehörigkeit, das sich bisweilen über ganze Generationen erstreckt. Bei den verschiedensten Völkerschaften, rohen und kultivierten, treffen wir diese Vorstellungen an, so bei den Tungusen, den alten Iren, Pikten, Gälen, Türken,

---

[1]) Vgl. Lippert, Kulturgeschichte II, 83 ff.

Armeniern, Griechen und verschiedenen afrikanischen Stämmen. Besonders bekannt sind in dieser Beziehung die vollständig fingierten Stammväter bei den Arabern. „Die arabischen Genealogisten wandeln auch Ortsnamen in Vorfahren um, und manche arabische Tribus sind auch nach Göttern und Göttinnen genannt. Alle Araber, welche einen Gentilnamen (nisba) führen, leiten ihre Genealogie auf zwei grofse Stämme zurück, nämlich auf den Yemenetischen mit dem Stammvater Cahtân und den Ismailitischen mit dem Stammvater ʿAdnàn. Letzterer Stamm heifst auch Maada oder Nirâr nach dem Sohne und Enkel ʿAdnâns" (Post, Studien S. 24)[1].

Diese hervorragende Stellung des Stamm- und Ahnherrn wird noch erhöht durch den religiösen Nimbus, der ihnen öfters zu teil wird. Diese religiöse Verehrung ihrerseits beruht auf der animistischen Basis, dafs die Geister der Verstorbenen, und zwar je mächtiger diese auf Erden gewesen sind, um so mehr imstande sind, den Hinterbliebenen zu schaden, eventuell natürlich zu nützen. Das ganze komplizierte System religiöser Gebräuche und Institutionen (vgl. dazu Lippert, Kulturgesch. II, 236 ff. und Bastian, Wie das Volk denkt, Berlin 1892, S. 109 ff.) mit der Pathologie und Therapie der Besessenen, der wüsteste Fetischismus bis zur feinsinnigsten und geläutertsten Idee von der Versöhnung göttlicher Mächte wird beherrscht durch diesen centralen Gedanken von der Wirksamkeit der von dem Körper nach dem Tode sich lösenden Seele, die auf die Erde wieder zurückkehrt und alles nur erdenkliche Unglück anstiftet, falls sie nicht rechtzeitig versöhnt und beschwichtigt ist. Daher eben der auf der ganzen Erde verbreitete Ahnenkult, der seinen letzten Ausläufer noch bis in unsere Zeit entsendet, nämlich in dem Allerseelenfest,

---

[1] Vgl. Mac Lennan, l. c. p. 205, wo die verschiedenen Veränderungen und Beschränkungen erörtert werden, welche für die Ehe durch diese gemeinsame Abstammung von einem Ahnherrn eintraten; davon noch später bei der Raubehe.

wie es selbst das leichtlebige Paris auf dem Père Lachaise alljährlich veranstaltet (vgl. Tylor, Einleitung in das Studium der Anthropologie S. 424). Nur ein Beispiel, welches Maine erzählt, möge dieses Herkommen veranschaulichen: „Bekannt ist, dafs in Indien der Vater, Grofsvater und Urgrofsvater ihren entwickelten Hauskult mit Liturgie und Ritus haben. Täglich wird im Hause jedes Hindu das „shradda" dem Vater, Grofsvater und Urgrofsvater dargebracht, und es ist bekannt, wie grofse rechtliche Wirkungen dieser Hauskult in Indien hat" (Maine, Early law and custom 1883, S. 55 und 57, bei Post, Studien S. 22). Wie tief aber überhaupt der Menschheit der uralte, unausrottbare Animismus im Blute sitzt, kann man daraus ermessen, dafs selbst ein so durch und durch rationalistisch veranlagtes, höchst nüchternes und praktisches Volk, wie die Chinesen, ganz und gar unter dem Banne dieser Ahnenverehrung stehen. Sie vergessen nie an den Festtagen, ihren Vorfahren einen gebührenden Anteil an ihren Mahlzeiten zukommen zu lassen, genau so wie in Guinea z. B. die Neger den Bildern ihrer verstorbenen Angehörigen regelmäfsig Speise und Trank darbringen, und es ist wohl noch in aller Erinnerung, wie seiner Zeit die Anlage, resp. Weiterführung von Eisenbahnen im Reich der Mitte scheiterte, weil die Regierung sich aufser stande sah, den verhängnisvollen Glauben zu brechen, dafs mit dem Getöse und Lärmen der Züge die Ruhe der Toten gestört würde. Dafs auch die antike Welt in ihrem Laren- und Penatenkult denselben Anschauungen huldigt, bedarf wohl keiner besonderen Darlegung.

Ehe wir die regulären, durch das Patriarchat bedingten Formen der Ehe durch Raub und Kauf genauer betrachten, müssen wir noch mit einigen Worten einer Erscheinung gedenken, die, ein untrügliches Zeichen dieser Umwandlung des ursprünglichen mutterrechtlichen in den späteren vaterrechtlichen Zustand, doch noch von den verschiedenen Forschern sehr abweichend erklärt wird, es ist die Couvade oder das sogenannte Männerkindbett. Sie ist über einen grofsen Teil der Erde verbreitet (am wenigsten erscheint sie in Afrika), selbst in Europa ist sie unter den Basken nach einigen Nachrichten bis in dies Jahrhundert hinein beobachtet. Die anfängliche Deutung, welche Bachofen ihr zu teil werden liefs, nämlich dadurch den Zeugungsanteil durch eine symbolische, möglichst unzweideutige Handlung aufser allem Zweifel zu stellen, ist von den meisten[1]) Forschern später angenommen, von denen nur Giraud-Teulon angeführt sein mag: „Wie sollte man die Blutsverbindung zwischen Vater und Kind ersichtlich machen? Im System der Mutterverwandtschaft war die Sache einfach: Das Band zwischen Mutter und Kind, dem Geburtsakt selbst entspringend, gestattete den Verwandtschaftsbegriff auf eine unbestreitbare Thatsache zu begründen. Der Mann hingegen — unfähig, seinen Zeugungsanteil, und namentlich die Ausschliefslichkeit desselben, zu beweisen, konnte seine Vaterschaft nur auf eine rechtliche Vermutung oder Fiktion basieren. Fiktionen und Abstraktionen sind aber dem Verständnis unentwickelter Völker schwer zugänglich, man mufs daher sinnliche Handlungen und äufserliche Ceremonien zu Hilfe nehmen. Um die Verwandtschaftsbeziehung zwischen Vater und Sohn festzustellen, glaubte man sich genötigt, den Akt nachzuahmen, welches das Kind mit der Mutter verbindet, das Wochenbett nachzuahmen und den Vater der Mutter gleichzustellen, indem man ihn zur zweiten Mutter machte. Der Mann wurde daher zur Rolle einer Wöchnerin verurteilt und mufste sich zur Nachahmung des Geburtsaktes hergeben. Infolgedessen wurde das Kind der Spröfsling seines Vaters, wie er es schon von seiner Mutter war: es besafs nun eine doppelte Abstammung. Von den verschiedenen Arten, die bei den wilden Völkern im Schwange sind, um das Blutband zwischen zwei Menschen auszudrücken, ist diese Nachahmung der Natur das gewöhnlichste Symbol. Es giebt wenige Sitten, die mehr

---

[1]) Vgl. Bastian, Verhandlungen der Gesellschaft für Anthropologie etc. 1886, S. 337, Letourneau, L'évolution du mariage p. 397, Giraud-Teulon, Les origines p. 125 u. s. w.

verbreitet wären als diese, und ihre Verteilung bis auf die entlegensten Punkte des Erdkreises, ihre Hartnäckigkeit bis in unsere Tage hinein beweisen, dafs sie für die alten Völker eine Ceremonie war, die ihrem Geist eine Bürgschaft und eine wesentliche Basis gab für die Anerkennung des Vaters" (l. c. S. 165). Der Widerspruch, den Dargun gegen diese Deutung erhebt (Mutterrecht a. a. O. S. 20 ff.), mag insofern begründet sein, als es wohl fraglich ist, ob wir es überhaupt mit einer Kopie des weiblichen Wochenbettes zu thun haben, weil ein solches bei den Naturvölkern vielfach gar nicht vorkommt. Nichtsdestoweniger halten wir doch in der Hauptsache diese Auffassung für berechtigt, dafs sie durch einen symbolischen Akt die Übertragung der verwandtschaftlichen Beziehung und damit auch der Rechte an den Vater darstellt, obschon man Dargun darin zustimmen kann, dafs es sich hierbei wesentlich um die entstehende Vatergewalt gehandelt habe. Dafs aber auch jenes andere Moment nicht völlig fehlt, das geradezu wohl als sympathetischer Connex auftritt, ist daraus zu ersehen, dafs sich der Vater, wie Dobrizhoffer von dem Abiponen berichtet, den peinlichsten Fasten hingeben und überhaupt einer grofsen Ruhe und Mäfsigkeit sich befleifsigen mufs, will er nicht das junge Leben empfindlich gefährden. Ganz unzutreffend erscheint uns die von Hellwald lebhaft verteidigte Ansicht Lipperts, der hierin ein Sühne- und Entsagungsopfer des Vaters erblickt: „Sie besteht bald aus einem, bald aus beiden Ablösungsmomenten zugleich: der Vater enthält sich, von der Geburt des Kindes an, durch eine Zeit lang der Jagd auf gewisse Tiere und gewisser oder selbst aller Speisen, — er feiert und fastet — oder er läfst sich durch irgend welche Verwundungen eine beträchtliche Menge Blut abzapfen, die so als Opferblut vergossen wird, oder es findet beides zugleich statt" (Kulturgesch. II, 312, vgl. Hellwald, Familie S. 362). Denn erstlich beschränkt sich, wie Dargun mit Recht hervorhebt, die Couvade nicht auf das erstgeborene Kind — und nur bei diesem wäre es angebracht, an eine mystische Ablösung zu denken, an ein Opfer an die Gottheit — und zweitens wäre es unerfindlich, wie diese Schonung des sprossenden Lebens gerade bei Völkern aufkommen und sich befestigen konnte, bei denen der Kindesmord im ausgedehntesten Mafse ohne jede Scheu geübt wurde. Diesem religiösen Motiv gegenüber, das ja nicht völlig gefehlt haben mag, tritt mit unzweideutiger Sicherheit und Unanfechtbarkeit vielmehr das entsprechende sociale gegenüber, dafs, wie Letourneau sich ausdrückt, in der Empörung des Individualismus gegen den ursprünglichen Kommunismus sich bethätigt; es bezeugt, dass der Mann seine Frau oder seine Frauen nicht mehr mit beliebig vielen anderen seiner Genossen teilen will, dafs er seine Kinder für sich beansprucht, die deshalb auch in der Folge seinen Besitz erben sollen. Endlich ist wohl zu bemerken, dafs die Couvade ganz besonders bei den Indianern Amerikas sich erhalten hat, d. h. in einem Kontinent, wo das System der Mutterverwandtschaft sehr verbreitet war, resp. noch ist.

Eine erhebliche Befestigung des Patriarchats ging aber aus von der Raub-, Kauf- und Dienstehe, drei Formen der Eheschliefsung, denen wir uns jetzt zuzuwenden haben.

### a) Die Raubehe.

Obwohl die Raubehe auch bei Völkerschaften mit ausgeprägtem Mutterrecht vorkommt, so entfaltet sich dieselbe doch zu ihrer vollen Blüte mit dem steigenden Übergewicht des Mannes, wo er souverän das Scepter schwingt und die Zahl der Frauen zugleich den Bestand seiner persönlichen Machtsphäre ausmacht. Überall auf Erden, wo sich eine Geschlechterverfassung entwickelt hat, finden wir den Frauenraub als eine legale Institution, sodafs sie mit dem Zerfall jener auch von selbst verschwindet. Wir werden dadurch an die Anfänge der socialen Organisation überhaupt geführt, wo die einzelnen Horden sich streng nach aufsen abschlossen und noch nicht durch irgend ein gemeinsames Band (sei es ein jus connubii oder ein jus commercii) miteinander verknüpft waren. Gerade hier mufste die Versuchung für die jüngeren, mit starker Sinnlichkeit ausgestatteten Stammesgenossen, denen die Weiber von den stärkeren, vollentwickelten Männern vorenthalten wurden, naheliegen, wie früher schon angedeutet, sich auf diese Weise durch Entführung fremder Frauen schadlos zu halten. Diese öfter unter eigener Lebensgefahr erbeuteten Weiber bildeten dann, um mit lateinischem Ausdruck zu sprechen, das peculium castrense, den Sonderbesitz der betreffenden Kämpfer, auf den die übrigen Stammesgenossen keinen rechtlichen Anspruch haben konnten. Post schilderte diese Sitte folgendermafsen: „Die aufserordentlich weite Verbreitung der Raubehe in ihren verschiedenen Formen läfst den Schlufs fast unausweichlich erscheinen, dafs der Raub unter bestimmten Organisationsformen die regelmäfsige[1]) Art war, um zu einem Weibe zu gelangen. Die Geschlechterverfassung bietet für diese Erscheinung insofern eine ausreichende Erklärung, als die eigenen Geschlechtsgenossenschaften oft nur durch ein äufserst schwaches sociales Band miteinander verknüpft sind und daher eine auf eine Verheiratung von Personen aus verschiedenen Geschlechtsgenossenschaften abzielende Vereinbarung stets ihre Schwierigkeiten hat. Solche Zwischenheiraten entstehen daher naturgemäfs durch einen Bruch des geschlechtsgenossenschaftlichen Völkerrechts und einen alsdann zwischen den beteiligten Geschlechtern erfolgenden

---

[1]) Anders Hellwald, der wenigstens für die friedfertigen und daher schwächeren Stämme Endogamie annimmt, indem sich aufserdem bei ihnen die Scheu vor Blutnähe wenig oder doch nicht genügend ausgebildet habe (vgl. Familie S. 280). Mc. Lennan fafst umgekehrt Endogamie und Raubehe als strenge Gegensätze und nimmt die letztere nur an, wo eben Endogamie verboten ist (vgl. Studien S. 104 ff.). Auch Letourneau zählt die Raubehe nicht zu den legalen Eheformen und spricht ihr die Universalität ab (vgl. L'évolution p. 116 und p. 127).

Friedensschlufs. Der Frauenraub führt, dem Charakter der Geschlechterverfassung entsprechend, an sich zum Geschlechterkrieg. Dieser kann jedoch durch Zahlung einer Bufse vermieden werden, und so geht denn oft der sühnbare Frauenraub unmittelbar in den Brautkauf über. Übrigens wird der Frauenraub unter Umständen so sehr eine legale Eheform, dafs es umgekehrt als Rechtsbruch erscheint, dem Räuber das geraubte Mädchen wieder wegzunehmen, und anderseits der Räuber sich derselben nicht wieder entledigen darf. „So steht auf Serang eine Bufse von drei Gongs darauf, wenn die Eltern eines geraubten Mädchens dieses aus der Wohnung des Räubers fortführen, und die gleiche Strafe trifft den Räuber eines Mädchens, wenn er dasselbe kurz nach dem Raube den Eltern zurückschickt" (Studien S. 138). Natürlich ist es deshalb nicht ausgeschlossen, dafs trotzdem endogame Beweibung bestand, schon allein für die schwächeren Stammesgenossen. In der Hauptsache blieb der Raub ein Vorrecht der Starken, die eben dadurch, wie schon erwähnt, sich ihre Beute als ein unverletzliches Privateigentum sicherten.

Der Frauenraub wird geübt entweder als realer Raub oder als ein symbolischer Akt, wo höchstens noch ein Scheingefecht an den blutigen Ernst früherer Zeiten erinnert. In der ersten Form findet er sich bei allen wilden Völkerschaften, so, um nur ein Beispiel anzuführen, in Australien, wo die Frau in Abwesenheit ihrer Beschützer überfallen und unter Mifshandlungen und Schlägen trotz allen Widerstrebens in die Heimat des Räubers geschleppt wird. Die selbstverständliche Folge dieses schweren Rechtsbruches ist Krieg, entweder als Blutrache für die persönlich Betroffenen oder in weiterer Ausdehnung als Geschlechterkrieg. So führt (wie Post erzählt) in Australien der Frauenraub regelmäfsig zu einem Kampf zwischen den beteiligten Personen, zwischen dem Räuber einerseits und dem Gewalthaber (Vater, Gatte oder Bräutigam) anderseits.

Dieser Kampf geht in vorgeschriebenen Formen vor sich. Der Räuber wird mit einem Schild versehen, und sein Gegner wirft aus einer bestimmten Entfernung Speere oder sonstige Waffen gegen ihn. Gelingt es ihm, dieselben abzuwehren, so darf er das Weib behalten; wird er kampfunfähig gemacht, so reklamiert der Gewalthaber dasselbe (Studien S. 143). Es kann aber auch durch Zahlung einer bestimmten Bufse[1]) (wie in der Ablösung der Blutrache) eine Aussöhnung zwischen den beiden streitenden Parteien herbeigeführt werden, oder es findet ein Scheingefecht statt, das je nach der Lage der Sache bald sehr ernsthaft werden kann, bald aber eine reine Komödie ist. Einige Beispiele mögen diese Entwicklung veranschaulichen: Bei den Wadschagga am Kilima Ndscharo besteht die Hochzeitsfeierlichkeit darin, dafs, nachdem der Kauf der Braut vorher abgemacht ist, der Ehemann seine Frau huckepack entführt, während die Verwandten und Freunde ihn schreiend und lachend verfolgen, als ob sie das kreischende Mädchen ihm wieder abnehmen wollten; aber das Ganze ist natürlich nur Schein und ein Überbleibsel alter Gebräuche; denn heutzutage bekommt ein Mann seine Braut nur dann, wenn er den Kauf vorher mit seinem künftigen Schwiegervater

---

[1]) Lippert erinnert an ein recht bedeutsames Rudiment in der lex salica bei den Franken, wo der Räuber (der Bräutigam des Mädchens) eine Bufse von $6^{1}/_{2}$ Schillingen zahlen soll, die drei nächsten Gehülfen 30 Schillinge u. s. w. (vgl. Geschichte der Familie S. 151). So auch bei den Serbiern. Dafs auch den Ariern der Urzeit die Raubehe nebst ihren weiteren Ablösungsformen durchaus nicht fremd gewesen ist, hat Dargun erwiesen (Mutterrecht und Raubehe S. 146). Das bekannteste Beispiel derselben aus der klassischen Litteratur ist der Raub der Sabinerinnen. Auch Dargun, der eine unmittelbare Beziehung der Verwandtschaft zur Raubehe leugnet, giebt doch wenigstens so viel zu, dafs der Frauenraub, obwohl er das Patriarchat und die Agnation nicht geschaffen habe, sie überall habe vorbereiten helfen, wo immer sich die Entführungsbufse in eine Ablösung und diese in einen Brautpreis verwandelt habe (vgl. Grundlagen S. 127). Ähnlich Post, (Globus 1893 Nr. 4 S. 53 ff.), der zwischen dem Hausherrn und dem leiblichen Vater streng unterscheidet.

geregelt hat (Hellwald, Familie S. 244). „Auf der Insel Sumba findet bei fürstlichen Hochzeiten zwischen den Freunden des Bräutigams und der weiblichen Begleitung der Braut unter betäubendem Geschrei ein geregeltes Gefecht statt. Bei den Lampongern entführt bei der Hochzeit der Freier das Mädchen und verbirgt es in seinem Hause. Nach einiger Zeit kommt der Vater an der Spitze einer Schar Bewaffneter, um seine Tochter zu suchen. Am Eingange des Kampongs wird er ebenfalls von bewaffneten Personen erwartet. Zwischen beiden Teilen wird ein Turnier geliefert und ein Hahnengefecht abgehalten, wobei es so eingerichtet wird, dafs die Partei des Vaters der Braut überwunden wird. Bei den Redjangern entführt nach Beendigung der Verhandlungen zwischen den beiderseitigen Eltern der Bräutigam über Nacht die Braut. Am folgenden Morgen rückt der Vater mit bewaffneter Mannschaft zum Dorf des Bräutigams, um die Tochter zu suchen. Inzwischen hat sich auch der Vater des Bräutigams mit bewaffneten Leuten umgeben. Hier kommt es jedoch nicht mehr zum Gefechte, sondern nur noch zu Verhandlungen. Noch abgeschwächter erscheint das Scheingefecht bei den Nandowessis (Sioux), bei denen die Ehe durch Abschiefsen von Pfeilen über die Köpfe der Brautleute geschlossen wurde, was durch die Verwandten geschah, welche als Zeugen dabei anwesend waren. Dagegen grenzt der folgende Brauch noch dicht an die wirkliche Fehde. In Neu-Südwales wird das Mädchen, auch wenn die Ehe ihm und den Seinen recht ist, stets heimlich von dem Bräutigam und seiner Partei überfallen und womöglich geraubt. Da aber die Angehörigen des Mädchens auf ihrer Hut sind, so kommt es meist zu einem sehr hitzigen Kampfe, in welchem die meisten und oft sehr hitzigen Prügel die Braut empfängt, welche beide Parteien hin- und herzerren, sodafs sie auch Verrenkungen beträchtlicher Art nicht selten erleidet. Und dabei ist das ganze Gefecht häufig nur ein Scheingefecht" (Post, Studien S. 144).

Als Zwischenglieder zwischen der ursprünglichen Raub- und der späteren Kaufehe kann man die Fälle betrachten, wo die Braut anfangs mit Gewalt geraubt wird, nachträglich aber zur Abwendung der Blutfehde eine Sühne und Bufse bezahlt wird, oder wo umgekehrt nach der Vereinbarung eines Brautpreises das junge Mädchen entführt wird; es ist somit eine Vereinigung des Frauenraubes mit dem Brautkauf. Riedel erzählt folgende Beobachtung: „Will bei den Galela und Tobeloresen jemand aus einem feindseligen Dorf oder einer feindseligen Familie ein Mädchen heiraten, so läfst er dasselbe von zwanzig oder mehr weiblichen Verwandten rauben. Sie lauern ihr auf, wenn sie an den Brunnen geht, Wasser zu schöpfen, oder sich im Walde befindet, um Brennholz zu machen, binden sie, wenn sie nicht willig ist, und führen sie in das Haus des Mannes. Versuchen die Verwandten des Mädchens sie mit Gewalt zu befreien, so versammeln sich die übrigen Dorfbewohner, um beide Parteien zu versöhnen. Vor der Erlegung des Brautpreises darf das Mädchen zu ihrer Familie entfliehen. Sie wird aber strenge bewacht. Am dritten Tage kommen die Verwandten, um über den Brautpreis zu sprechen. Hat der Mann das Mädchen noch nicht berührt, so darf sie ihn noch stets verlassen. Ist dies aber der Fall, so wird der Brautpreis bestimmt. In den hochgelegenen Teilen der chinesischen Provinz Kansu gehört die geraubte Ehefrau dem Entführer, welcher dem ehemaligen Ehemann eine Abfindung zu zahlen hat" (beides bei Post, Studien S. 148). Endlich noch ein Beispiel aus Indonesien: „Auf Ambon findet sich die Raubehe unter dem Namen lari bini (lav mahina). Das Mädchen verläfst abends das elterliche Haus und läuft dem Manne freiwillig nach. Derselbe wartet auf sie vor der Thür mit Genossen, zwischen denen sie weiter gegeben wird, um die Verfolger auf falsche Spur zu leiten. Der Entführer mufs jedoch vorsichtig sein; leckt von der Sache etwas aus, so halten die Burschen des Dorfes des Mädchens mit Stöcken die Wacht und prügeln ihn gehörig durch. Um rechtsgültig zu sein, bedarf das lari bini einiger Formalitäten. So mufs der Räuber den gebräuchlichen Brautpreis in der Schlafkammer der Geliebten hinterlassen, daneben einen von ihm geschriebenen Brief, in welchem die Entführung in blumenreicher Sprache gemeldet wird. Die Eltern müssen sich dann in die Sache finden, da die Ehe auch ohne ihre Zustimmung geschlossen werden kann, weil durch Raub das Mädchen Eigentum des Mannes wird. Nach einigen Tagen kommt der Bräutigam, um Verzeihung zu erbitten, die ihm pro forma verweigert wird. Dreimal mufs er zurückkehren, dann erst ist alles vergeben" (Post, Studien S. 150 nach Wilken).

Die Konsequenz der Raubehe ist, wie leicht erklärlich, die, dafs mit dem Weibe zugleich die Kinder Eigentum des Mannes werden, und insofern kann man Dargun beistimmen, wenn er sagt: „Diese Kinder sind seine Kinder und stehen mit ihm in wechselseitigem Erbrechtsverbande, weil ihre Mutter sein ausschliefsliches Eigentum ist und sie das Schicksal ihrer Mutter teilen. Der Vater mufs sich die Mutterschaft dienstbar machen, um seine Vaterherrschaft zur Geltung zu bringen. Überhaupt betreffen sämtliche Fälle, wo Frauenraub oder Ehe mit Sklavinnen in Betracht kommen, offenbar das Gewalt- und nicht das Verwandtschaftsverhältnis und haben für dieses nur insofern Bedeutung, als dadurch im Laufe der historischen Entwicklung die agnatische Verwandtschaft vermittelt wird" (Grundlagen S. 120). Aber damit ist indirekt eben die ja so wie so unleugbare Beziehung auf die Abstammung vom Blute des Vaters zugegeben, wenngleich diese Vorstellung sich erst allmählich in voller physiologischer Ausprägung entwickelt haben mag. Endlich mag noch an den charakteristischen Übergang von der mutterrechtlichen zur vaterrechtlichen Ehe erinnert werden, wo auf Babar und Kisar (also im malaiischen Rechtsgebiet) der Mann durch eine Heirat aufserhalb seines Bezirkes aus seinem Stamme ausscheidet. Er kann aber die Frau durch Raub in sein Dorf herüberbringen, dann gehören die Kinder ihm, und der Raub wird nachträglich durch Zahlung einer Bufse gesühnt (vgl. Post, Studien S. 97; im allgemeinen vgl. Dargun, Mutterrecht und Raubehe und ihre Reste im germanischen Recht und Leben, 1883, S. 78 ff.).

### b) Die Kaufehe.

Auch hier ist, wie bei der Raubehe, von vornherein zu bemerken, dafs an und für sich die Kaufehe sowohl bei mutter- wie vaterrechtlichen Vorstellungen vorkommen kann und wirklich vorkommt, dafs also, rein theoretisch betrachtet, das Verwandtschaftssystem davon unabhängig ist. So kommt es vor, wie Post feststellt, dafs die Kinder an sich in das Geschlecht der Mutter fallen (also matriarchalisches Recht gilt), der Vater aber das Recht hat, sie der Frauenfamilie abzukaufen, z. B. bei der Ambil-anak-Ehe auf Sumatra oder auf Timor, oder bei den Limbus, bei denen der Vater nur die Knaben abkauft, während die Töchter bei der Mutter bleiben. Ein Rest dieser Anschauung findet sich auch noch im alten irischen Recht, „Der Entführer hatte auf Kinder, welche im ersten Monat erzeugt wurden, kein Recht, sondern sie gehörten der Familie der Mutter. Diese kann sie dem Entführer verkaufen. Bei gewaltsamer Entführung steht es in ihrer Wahl, ob sie dies will. Will sie es, so mufs der Entführer sie kaufen. Bei Entführung mit Zustimmung der Frau hat dagegen der Vater die Wahl, ob er die Kinder kaufen will oder nicht; will er es, so ist die Familie der Frau gesetzlich verbunden, sie ihm zu verkaufen" [1] (Familienrecht S. 11). Der weitaus häufigste Fall

---

[1] Diese Abzahlung des Brautpreises ist für einige malaiische Stämme so entscheidend, dafs nur diejenigen Kinder dem Manne zuerkannt werden, welche nach der Bezahlung des Brautpreises geboren werden, während die übrigen in der Familie der Mutter bleiben. Auch ist es bedeutsam, wenn die besonders tiefstehenden Bewohner der Aru-Inseln,

ist aber der, dafs der Mann durch die Zahlung eines fixierten Brautpreises die Frau aus ihrer Familie in die seine übernimmt und mit dieser Gegenleistung zugleich das volle Verfügungsrecht über die späteren Descendenten erwirbt. Es bildet sich somit gerade vermöge der Kaufehe die bei so vielen Völkern beobachtete, kulturgeschichtlich[1]) schon genugsam bekannte sociale Figur des Patriarchen, des regierenden Hausvorstehers heraus, die dann im weiteren Verlauf der Dinge zu dem Typus des individuellen, physiologischen Vaters führt. In diesem Sinne bemerkt Dargun mit Recht: „Die Entwicklung schreitet dann in der Richtung fort, dafs der Vater durchaus nur solche Kinder als die seinen anerkennt, die er selbst gezeugt hat, und zugleich über die Familienzugehörigkeit der Kinder nicht mehr eine eigentumsähnliche Gewalt über ihre Mutter entscheidet, indem an Stelle des sachenrechtlichen Erwerbes einer Ehefrau ein rein familienrechtliches Verhältnis tritt. In der Enwicklung des Familienrechts mufs regelmäfsig das Stadium der Vatergewalt zurückgelegt werden, bevor dasjenige der Vaterverwandtschaft erreicht wird. Daher die Bedeutung des Frauenkaufs. Der für die Frau gezahlte Kaufpreis wird zugleich als Kaufpreis für die Kinder angesehen, weil die Herrschaft über diese nur durch die Herrschaft über die Mutter erlangt werden kann. Schliefslich rückt dieser dem Sachenrecht analoge Gesichtspunkt so sehr in den Vordergrund, dafs die Ehe liberorum quaerendorum causa geschlossen wird. Aufserhalb dieser Rücksicht gilt die Ehe vielfach als bedeutungslos, ja selbst als nichtig

---

wie Riedel berichtet, — die noch unter keiner Häuptlingsherrschaft stehen, ohne Brautschatz heiraten (bei Post, Familienrecht S. 174), und ebenso charakteristisch ist es, wenn bei den Duallanegern der Mann eine Rückzahlung des Brautpreises verlangt im Falle der Kinderlosigkeit der Frau.

[1]) Besonders bekannt ist ja aus dem klassischen Altertum die römische Ehe durch coemptio, neben der die ältere Ususehe noch eine Zeitlang bestand (vgl. Letourneau, L'évolution etc. p. 149 und Lippert, Kulturgeschichte II, 110 ff.).

oder willkürlich löslich, wenn nicht die Geburt von Kindern erfolgt ist; so namentlich bei verschiedenen afrikanischen Völkern" (Grundlagen S. 122; vgl. Post, Familienrecht S. 203).

Der Frauenkauf setzt seinem ganzen Wesen nach eine streng entwickelte Geschlechterverfassung voraus, indem er lediglich den Abschluſs eines zwischen zwei Associationen vereinbarten Geschäftes bezeichnet, wobei also von irgend einer persönlichen Neigung, namentlich auf Seiten der Frau, gar nicht die Rede sein kann. Diesen ausgesprochen socialen Charakter kann man übrigens schon aus dem Umstande entnehmen, daſs selbst bei beginnendem Zerfall der ursprünglichen Geschlechterverfassung doch der Bräutigam noch berechtigt ist, von sämtlichen Stammesgenossen den entsprechenden Beitrag zu dem Brautpreise einzufordern, wie auch umgekehrt sich diese Summe auf das ganze Geschlecht verteilt. In nacktester Gestalt zeigt so den Frauenkauf, schreibt Hellwald, wohl der schwarze Erdteil und zwar besonders im Bereiche seiner Nomadenvölker. Fast überall ist es da das Kind, welches als Einheitswert gilt. Um Ochsen kauft der Kaffer seine Weiber, um Ochsen verkauft er seine Töchter. Der Wert des Mädchens schwankt, je nachdem es mehr oder weniger hübsch ist und auch nach dem Range des Vaters zwischen 6—30 Stück Rind. Der Preis ist von vornherein zu erlegen, indes kommt es auch wohl vor, daſs der Vater das Mädchen verabfolgt, nachdem er eine Abschlagssumme und für den Rest Bürgschaft erhalten hat. Im allgemeinen aber wird ein Heiratsvertrag erst dadurch gültig, daſs einerseits das Vieh, anderseits das Mädchen abgeliefert wird. Darin besteht das, was wir bei uns das Wechseln des Trauringes bezeichnen würden; die (übrigens nicht sehr bindende) Ehe wird dadurch sozusagen erst rechtskräftig. Die Beweibung durch Kauf wird von den Frauen durchaus nicht als Entwürdigung empfunden, das Mädchen ist im Gegenteil stolz darauf, und je mehr Ochsen oder Kühe sie gekostet hat, um so mehr hält sie sich wert. Billiger als die Kaffern thun es die Hottentotten, welche ihre Töchter für blofs einen Ochsen oder eine Kuh hingeben (Familie S. 307). Dieser Wertmesser wird anderwärts durch entsprechend andere, mehr oder minder geschätzte Gegenstände ersetzt, Eisen, Perlen, Baumwolle, Zeug u. s. w. Am schlauesten ausgenutzt haben diese Sitte, wie Lippert sich ausdrückt, die alten Könige von Dahomey, die kein Finanzkünstler je übertroffen, welche, indem sie das Vaterrecht im Stamme auf sich bezogen und beschränkten, als Väter derselben die geschätzteste aller Waren, die Frau, für sich im ganzen Staate monopolisiert haben. Dort zog der König die volle Konsequenz aus der Königsvorstellung, wie sie noch in Ostasien lebt, betrachtete sich als den grofsen Familienvater aller und sonach für den Herrn und Mundinhaber aller Frauen und verkaufte sie für seine Rechnung den Unterthanen zur Ehe (Gesch. d. Fam. S. 112). Dasselbe ist nun der Fall bei den alten Hebräern, bei den Slawen, Germanen, Griechen, Römern, Indern, Chinesen etc., mit einem Worte, wir sind genötigt, in der Kaufehe trotz aller Variationen im einzelnen eine universalgeschichtliche Erscheinung zu sehen. Um aus dem Kreise der durch die geschichtliche Betrachtung uns näher gerückten Völker noch ein Beispiel anzuführen, so seien schliefslich die Griechen genannt. „Die alten Hellenen haben bei ihrem ersten Auftreten in der Geschichte den Kauf als eine veraltete Form schon abzustreifen begonnen, noch aber zeigen die Sagen den Frauenkauf als die einzig richtige Art der Eheschliefsung in der heroischen Urzeit, womit auch des Aristoteles' Bericht übereinstimmt, dafs die Voreltern die Frauen voneinander gekauft hätten. Die griechischen edna, die Hochzeitsgeschenke einer späteren Zeit, sind ursprünglich der Brautpreis, welchen der Freier dem Vater der Braut zu geben hat; daher heifsen die Jungfrauen alphesiboiai oder Rinder einbringend, d. h. den Eltern durch den Brautpreis. In Homers Ilias sehen wir an zahlreichen

Stellen, wie das Weib, d. h. die Gattin von dem Bräutigam förmlich gekauft wird, und die Höhe des angebotenen Kaufpreises entscheidet in der Regel den Erfolg des Freiers. Wie in Indien, sind Rinder der eigentliche Zahlwert der Griechen der Iliade. Homer singt: Doch dem Besiegten stellt er ein blühendes Weib in den Kampfpreis, klug in mancherlei Kunst und geschätzt vier Rinder am Werte. Nur in ungewöhnlichem Überbieten giebt darin Iphidamas hundert für seine Braut. Wie in Indien verliert sich aber auch hier allmählich der Charakter des Kaufes, und schon in der Odyssee tritt ein Werben mit Geschenken an dessen Stelle, während mit fortschreitender Gesittung sich immer mehr Umstände ergaben, welche den alten Kaufpreis vor neuem gleichwertigen Ersatze zurücktreten liefsen" (Hellwald a. a. O. S. 313).

Nach Lage der Sache konnte mit dieser rein geschäftsmäfsigen Behandlung des Ehebündnisses nur eine tiefe Entwürdigung der Frau verknüpft sein. Sie wird rein als Ware behandelt und demgemäfs auch weiter verhandelt und vererbt, ist völlig rechtlos, lediglich wie alles andere ein Stück des patriarchalisch organisierten Haushalts[1]). Dafs keine Neigung irgend welcher Art dabei in Frage kommen kann, war schon bemerkt, aber es ist auch beachtenswert, dafs diese Form des Eheschlusses aus begreiflichen Gründen nur ein Vorrecht des Mächtigen, wenigstens des Reichen ist. Der Arme ist zur entsagungsvollen Enthalt-

---

[1]) Da Post völlig diese Auffassung teilt und die Frau ein nützliches Haustier nennt (Familienrecht S. 175), so hält er auch streng an dieser Konsequenz fest, wenn er sagt: „Man findet diesen Kauf zwar von einem anderen Kauf in gewissen Beziehungen unterschieden, und namentlich findet man mit dem allmählichen Zerfall des Brautkaufs und dem Aufsteigen des Weibes zur gleichberechtigten Lebensgefährtin und der Erhebung derselben zu einem individuellen Rechtssubjekt eine Abneigung entstehen, den Brautkauf als einen wirklichen Kauf zu betrachten; trotzdem kann man kaum bezweifeln, dafs ursprünglich das Weib beim Brautkaufe als reine Ware behandelt wird" (Grundlagen S. 233).

samkeit verurteilt; es ist die Zwangsmonogamie, der er huldigt, während der von Glücksgütern Gesegnete im Wohlleben, d. h. als Herr und Besitzer ungezählter Weiber, wie wir sie schon bei den afrikanischen und asiatischen Despoten finden, sein Dasein verbringt. Auch dies Verhältnis ist der verschiedenartigsten Nuancierungen fähig, je nach dem Charakter und der Entwicklungsstufe der betreffenden Völkerschaft. Bald finden wir nur den Standpunkt roher, brutaler Gewalt ausgeprägt; den Frauen werden alle Lasten des Haushalts aufgebürdet und noch dazu die stärksten Mifshandlungen zugefügt; sie werden weiter verkauft, an Fremde zur Prostitution (natürlich meist gegen entsprechende Entschädigung) überlassen — was freilich gelegentlich mit mutterrechtlichen Anschauungen zusammenhängen mag (vgl. Letourneau a. a. O. S. 193 ff., besonders S. 210, wo nur die Kabylen angeführt werden, welche allein von allen Völkern kein Konkubinat neben der legitimen Ehe kennen); bald teilt sie mit den übrigen Frauen die Sorgen und Mühen ihres Mannes und sucht ihm das Dasein zu erleichtern, und in dieser Beziehung verdienen die Berichte unserer Reisenden gegenüber den landläufigen Vorstellungen, die wir von den Zuständen der Haremsintriguen und Kabalen abstrahiert und zu einer gewissen Allgemeingültigkeit erhoben haben, gar sehr der Berichtigung. So überzeugte sich (erzählt Lippert) Musters bei den Araukaniern von der Verträglichkeit der Frauen eines Häuptlings; alle drei lebten vollkommen einig und sorgten mit unparteiischer Liebe eine für der andern Kinder. Eine Frau, die nebenbei mit schwerer Arbeit geplagt, drei Jahre lang ihr Kind säugen mufs, hat einigen Grund der Eifersucht auf eine zweite Frau weniger, als bei uns der Fall wäre. Nur in den Fürstenharems sind die Frauen müfsige Bettsklavinnen; die um teures Gut erkaufte Frau des Viehzüchters ist vor allem eine treue und fleifsige Arbeiterin. Sie hat nicht blofs keinen Wunsch, eine Mitarbeiterin zu verdrängen, sondern ein grofses Interesse daran, eine solche zu erhalten.

Selbst der Ehrgeiz kann sie zu diesem Wunsch leiten. Sobald zwei Frauen im Haushalt sind, steigt naturgemäfs die ältere zur leitenden und herrschenden Hausfrau empor; sie wird wenigstens in ihrem häuslichen Bereich eine Herrin neben jener Magd. So hören wir denn von den braven Frauen der Zulus, dafs oft diejenige, die allein in der Wirtschaft ihres Mannes ist, im Schweifse ihres Angesichts arbeite und spare, um nur soviel Gut zusammenzubringen, dass sie ihrem Manne eine zweite Frau kaufen könne. Sie entlastet sich dadurch nicht nur in der Arbeit, sondern es ist ja dann auch ihre Magd, die sie dem Manne gegeben hat; sie versetzt dadurch die ganze Familie in einen Stand von Vornehmheit, dessen Glanz wieder auf sie als erste Frau zurückfällt. Eine solche Frau mag dann nicht wenig gerühmt werden und sich selbst rühmen; das that auch Lea, indem sie, in der Meinung, nicht mehr selbst gebären zu können, ihrem Manne Jacob die Magd Silpha gegeben hatte. Sie hielt das sicher für etwas so Verdienstvolles, dafs es einen Gotteslohn nach sich ziehen müsse! Gott hat mir meinen Lohn dafür gegeben, dafs ich meinem Manne meine Magd gab. Dieser Zug wiederholt sich in der Patriarchengeschichte zu oft, als dafs er nicht recht volkstümlich sein sollte. Auch Rahel giebt ihrem Manne die Magd Bilha. Insbesondere müssen Frauen darauf bedacht gewesen sein, die selbst nicht in der Lage waren, ihrem Manne Nachkommen zu schenken; sie suchten auf jene Weise den Bestand des Hauses zu mehren (Geschichte der Familie S. 133).

Wie ursprünglich der Kaufpreis ein Entgelt für die Frau ist, der nicht ihr, sondern ihrem Geschlecht gezahlt wird (so dafs z. B. bei den alten Arabern dem Vater bei der Geburt gratuliert wird, da sich dadurch sein Vermögensbestand hebt), so geht allmählich mit dem Zerfall der alten Geschlechterverfassung der Kauf in einen symbolischen Akt über, indem irgend eine gröfsere oder kleinere Summe Geldes der Familie der Braut ausgehändigt wird, die dann häufig zur Aussteuer verwendet wird und so den Anfang eines Sondergutes für die Frau bildet. Schliefslich verschwindet, wie Post ausführt, der Brautpreis vollständig, und es bleibt vom Brautkaufe nur noch ein Vertrag zwischen dem Mundwalte der Braut und dem Bräutigam übrig; es ist damit aus dem Brautkaufe die Verlobung geworden, welche jedoch noch nicht als ein auf die Eingehung der Ehe gerichteter Vertrag zwischen einem Manne und einem Weibe erscheint, wie bei uns heutzutage, sondern als ein Vertrag zwischen dem Mundwalt der Braut und dem Bräutigam (Grundlagen S. 235).

Dafs mit dieser Erstarkung der väterlichen Gewalt zugleich sich eine fundamentale Umwälzung der volksphysiologischen Vorstellung über die Abstammung vollzog, ist schon früher erwähnt; gerade wie umgekehrt früher nur die mütterliche Verwandtschaft das natürliche Blutband bildete, so wurde jetzt nur die Beziehung zum Vater ausschlaggebend, freilich erst, wie begreiflich, in einer sehr langsamen Entwicklung. Hellwald beschreibt diesen Hergang folgendermafsen: „Mit der durch das Patriarchat verursachten Knechtung des Weibes entwickelte sich auch die Ansicht, dafs die Natur der Frauen derjenigen der Männer untergeordnet, ja dafs die Fortpflanzung des Geschlechts ausschliefslich Sache der Männer sei, da die Frauen dabei eine sehr untergeordnete Rolle spielen. Schon die alten Ägypter meinten, wie Diodor bezeugt, dafs der Vater die einzige Ursache der Zeugung sei, die Mutter aber dem Kinde nur Nahrung und Aufenthalt gewähre. Die gleiche Vorstellung entwickelte sich bei den Indiern, Hebräern, Griechen und allerdings erst später bei den Römern. . . . Gewann diese physiologische Vorstellung erst genügenden Boden, so fiel mit ihr der Vaterbegriff nach zwei verschiedenen Seiten auseinander; neben den Vater der Herrschaft tritt ein Vater der Verwandtschaft. Damit mufste auch ein neuartiger Familienbegriff entstehen; diesem Begriffe nach mufsten innerhalb der Gesamtfamilie oder Sippe jüngere Familien genau so um den jedesmaligen Vater als den Erzeuger sich ordnen, wie sich solche einst vor Entstehung irgend einer Art von Vaterfamilie um die Mutter geordnet hatten" (Familie S. 531)[1]).

### c) Die Dienstehe.

Neben der Raub- und Kaufehe findet sich auf Erden weit verbreitet die Sitte des Erdienens der Braut; vielfach treten Kauf- und Dienstehe gleichzeitig nebeneinander auf und zwar in der Art, dafs, während den Reicheren das bequemere Erwerbsmittel des Kaufes reserviert ist, für die Ärmeren das Erdienen übrig bleibt. Post vermutet, dafs diese Erscheinung mit der eigentümlichen Eheform in Zusammenhang steht, bei welcher der Ehemann in die Familie der Ehefrau übergeht und lediglich deren gesetzlicher Liebhaber ist, ohne dafs er Familienvater würde, einer Form, wie sie namentlich in der Ambel-anak- und Beena-Ehe uns noch in vollkommener Klarheit vor Augen liegt, dafs wir es hier mit einem Überreste der Sklaverei zu thun haben, in welche der Mann in der Familie seiner Frau geriet. Ist dies der Fall, so wird man das Erdienen der Frau auf eine Entwicklungstufe zu verlegen haben, welche von der Stufe der Weiberverwandtschaft und der Gruppenehe zur patriarchalischen Verfassung hinüberleitet. Der Mann erwirbt die Frau jetzt durch den Dienst für sich, während er früher lediglich in der Familie der Frau Sklave war und blieb. Das Erdienen der Frau trägt daher schon einen ganz ähnlichen Charakter, wie der Brautkauf; es ist eine Gegenleistung für die Frau, und es könnte der Brautkauf zum

---

[1]) Vgl. die Schilderung Letourneaus, der die Entwicklung der Familie in den einzelnen Ländern (China, Persien, Indien) und bei den verschiedenen Völkerschaften (Semiten, Berbern, Ägyptern, Griechen, Römern u. s. w.) verfolgt, S. 404 ff. und das allgemeine Resumé S. 427 ff. Sodann Dargun, Grundlagen S. 127 ff. über den neuen Vaterbegriff.

Teil aus dem Erdienen entstanden sein, indem die Dienstleistungen kapitalisiert wären. (Bausteine für eine allgem. Rechtswiss. I, 113). Mit dieser Herleitung stimmt ein instruktiver Fall, den Riedel von den Watubela-Inseln anführt; dort kommt neben der Kaufehe eine zweite Eheform (dakenao) vor, bei welcher der Freier nach vorheriger Verständigung mit dem Mädchen dasselbe heimlich besucht, damit ihre Eltern ihn dort finden. Unter feierlicher Gelobung, dafs er das Mädchen liebe, ergiebt er sich vollständig in die Gewalt der Eltern desselben, als Sklave. Sind die Eltern einverstanden, so bleibt er im Hause der Frau und tritt in die Familie derselben ein. Er arbeitet für die Frau und ihre Kinder, und seine Kinder folgen der Mutter. Kann er später den Kaufpreis bezahlen, so geht die Ehe in die Kaufehe über. Sind die Eltern nicht einverstanden, so mufs der Freier das Haus verlassen und eine Bufse von einem thail Gold bezahlen (bei Post, Familienrecht S. 219). Die Zeit für diese Dienstbarkeit schwankt je nach den Verhältnissen aufserordentlich (bis zu vier und fünf Jahren und noch länger) oder (so bei einigen Indianerstämmen) bildet die Geburt einer Tochter den Wendepunkt. Solange der Mann in der Familie seiner Frau lebt, mufs er sich auch allen möglichen anderen Beschränkungen unterziehen, z. B. darf er vielfach nicht mit seinen Schwiegereltern und der Frau essen, dieselbe nicht in deren Gegenwart anreden, bei Verlassen der Hütte um Entschuldigung bitten u. s. w.

### 3. Zwischenstufen zwischen Mutter- und Vaterrecht.

Wie schon früher erwähnt, finden sich vielfach Mutter- und Vaterrecht gleichzeitig nebeneinander bei den verschiedenen Völkerschaften der Erde und zwar meist so, dafs das eine der beiden Systeme im Niedergang begriffen ist. So erklärt es sich, daſs das ältere Mutterrecht vielfach nur in bedeutsamen Rudimenten erhalten ist, während das Patriarchat immer mächtiger sich entfaltet; das gilt z. B. von dem uralten Blutrecht, das nach mutterrechtlichen Grundsätzen gehandhabt wird, während im übrigen schon das Vaterrecht zur ausschlieſslichen Geltung gelangt ist. Dasselbe ist der Fall in betreff der Eheschlieſsung, des Erbrechts u. s. w. So berichtet Wilken von Sumatra, wo die Frau nach der Heirat bei ihren Eltern wohnen bleibt und die Kinder ihrem Suku folgen. Dagegen haben die eigenen Kinder des Mannes ungefähr das gleiche Erbrecht gegen ihn, wie seine Schwesterkinder. Titel und Würden gehen dagegen noch ausschlieſslich in weiblicher Linie über (bei Post, Studien S. 2). Es kommt ferner vor, daſs, wie Post erwähnt, die Kinder zwischen den geschlechterrechtlichen Verbänden, denen die Mutter und der Vater angehören, verteilt werden, so daſs z. B. das erste, dritte, fünfte Kind der Mutter, das zweite, vierte, sechste Kind dem Vater zufällt. Bei ungleicher Zahl finden sich für das überschieſsende Kind besondere Bestimmungen. Es kommt z. B. vor, daſs die Mutter sich dasselbe gegen Zahlung einer bestimmten Summe aneignen kann, oder daſs es später selbst wählen kann, wohin es gehören will. Anderswo fällt ein Kind an den Vater, oder das erste und letzte Kind an die Mutter, oder es fällt das erste Kind an die Mutter, während die übrigen verteilt werden. Es kommt auch vor, daſs die Söhne dem Verbande des Vaters, die Töchter dem der Mutter folgen, kurz, es sind alle Möglichkeiten erschöpft, welche sich daraus ergeben, daſs bald das mutterrechtliche, bald das vaterrechtliche System überwiegt" (Grundriss der ethnol. Jurisprudenz I, 85). Dahin gehört auch der früher erwähnte Fall, daſs die Kinder an und für sich in den Verband der Mutter fallen, aber vom Vater gegen Zahlung einer bestimmten Summe ausgelöst und in den eigenen Verband hinübergeleitet werden können. Ganz besonders wichtig wird die Entscheidung, wo Vater oder

Mutter unfrei sind; bald tritt dann auch Unfreiheit des Kindes ein, bald erbt es die Freiheit des einen Teiles der Eltern; dasselbe trifft für die Kasten zu. Endlich wie bei der Erbfolge im allgemeinen, so verteilen sich auch im Falle der Ehescheidung die Kinder zwischen den einzelnen Ehegatten, und zwar so, dafs jedem Ehegatten diejenigen Spröfslinge zufallen, auf die er nach den allgemeinen Gesetzen der Kinderverteilung in seinem Verbande ein Anrecht besitzt, oder auch wohl so, dafs wie auf Neuguinea, einfach die Töchter der Mutter folgen, die Söhne dem Vater. Dafs im übrigen der Vater bestrebt gewesen sein wird, schon im Interesse der Stärkung der eigenen Macht, durch Zuwendung persönlicher Vermächtnisse und Überlassungen (also namentlich von Werkzeugen und Waffen) die mutterrechtliche Erbfolge zu umgehen, wie Dargun das insbesondere von dem Heergewäten und Gerade vermutet, hat viel für sich. „Durch das Anwachsen der dem Manne unterworfenen Vermögensbestandteile, dem Umfange und dem Werte nach, wurde das ganze Erbrecht bei emporkommendem Patriarchat zu Gunsten seiner Kinder verschoben, während alle von Uralter her der dazumal herrschenden, mutterrechtlichen Erbfolge unterliegenden Sachen als Gerade noch lange den Verwandten mütterlicherseits (mit Bevorzugung des Weibes) vorbehalten blieben. Der offenkundige Zusammenhang des Heergewätes mit dem Mutterrecht ist insbesondere mit Rücksicht auf die südslawische und germanische Analogie zu beachten" (Grundlagen S. 137).

### 4. Das Elternrechtssystem.

So viel Streit immerhin noch über die Priorität des Mutter- und Vaterrechts bei den einzelnen Forschern herrschen mag, die Frage ist jedem Zweifel enthoben, dafs das Elternrecht das jüngste System der Verwandtschaft darstellt und (bis auf verschwindende Ausnahmen) jederzeit ein Merkmal höherer Gesittung ist. Zu diesen bemerkenswerten Abweichungen gehört der Fall, den Post von Dahome anführt: „Hier erben die Söhne der ersten Frau das gesamte Eigentum ihrer Mutter und die Hälfte des Eigentums ihres Vaters, während die andere Hälfte nominell an den König geht, der sie gewöhnlich unter die Söhne der Konkubinen verteilt. Auch von Akkra an der Goldküste wird berichtet, dafs die Kinder sowohl ihres Vaters als ihrer Mutter Gut erben" (Afrikan. Jurisprudenz I, 32).

Seinem Wesen nach stellt diese Form der Verwandtschaft den strikten Gegensatz zu der Geschlechterverfassung dar; denn sie besteht in der Zusammengehörigkeit von Vater, Mutter und Kind zu einer Familie, so dafs diese eine neue Hausgenossenschaft bilden. Die Kinder sind den beiderseitigen Eltern und deren Verwandten väter- und mütterlicherseits verwandt; es findet sich, wie schon bemerkt, dies System der Verwandtschaft nur bei Völkerschaften vorgerückter Kultur, z. B. bei allen indogermanischen Kulturvölkern in der späteren Zeit ihrer Entwicklung und bei den Semiten.

Entstanden ist das Elternrecht entweder aus den eben beschriebenen Mischbildungen des Mutter- und Vaterrechts, indem, wie Post ausführt, weder der Mann in die Familie der Frau übersiedelt, noch die Frau in die Familie des Mannes, sondern beide zusammen einen Hausstand gründen, oder doch beide wohnen können, wo sie wollen, sei es bei den Eltern des Mannes oder bei den Eltern der Frau. Die Kinder erben dann von beiden Eltern, und können wählen, ob sie sich zu den väterlichen oder mütterlichen Grofseltern halten wollen. Bei einer Ehescheidung folgen die Söhne dem Vater, die Töchter der Mutter, oder sie können selbst wählen, wohin sie gehen wollen. In dieser Weise scheint auch das keltische Elternrechtssystem entstanden zu sein (Grundris der ethnol. Jurisprudenz I, 91). Oder aber es entwickelt sich direkt aus dem Vaterrecht, indem die Ehefrau aus ihrer anfänglich mifsachteten Stellung sich im Laufe der Zeit zur gleichberechtigten Lebensgefährtin des Mannes emporschwingt, obschon regelmäfsig der Vater noch social den überwiegend gröfsten Einflufs ausübt (z. B. betreffs der Namensverteilung u. s. w.). Im übrigen reichen die Wirkungen der Elternverwandtschaft entfernt nicht so weit, wie die des Vater- und Mutterrechts, und beschränken sich nur auf das Erbrecht, Alimentations- und Dotationspflicht u. s. w.

5. Die künstliche Verwandtschaft.

Da, wie früher auseinandergesetzt, die primitive Geschlechtsgenossenschaft nur auf der Basis der Blutseinheit beruhte, so ist es begreiflich, wenn dieses Fundament bei dem völligen Mangel anderweitiger entsprechender socialer Factoren möglichst gestützt wurde. Daher die vielfachen künstlichen Nachbildungen der natürlichen Verwandtschaft.

Diese Nachahmung nüanciert sich in den verschiedenartigsten Formen; die einfachste und auch weitverbreiteste ist bei der Milchverwandtschaft das Trinken gemeinsamer Milch, oder auch das Austauschen von Nabelsträngen. Weiter ist zu erwähnen die bekannte Sitte der Blutsbrüderschaft durch Trinken des beiderseitigen Blutes (resp. durch Mischung und Überleitung in den Körper des Freundes), ein Band[1]), das zu knüpfen auch unsere neuesten afrika-

---

[1]) Mit Recht macht Lippert auf die vielen, auch bei höher entwickelten Völkern erhaltenen Bräuche und Rudimente aufmerksam, die an diese ehedem weit verbreitete Sitte erinnern. Herodot erzählt es von den Lydiern, in der heroischen Zeit mischten Achäer und Trojaner Wein im Kruge anstatt des früher gebräuchlichen Blutes; ganz besonders war aber bei unseren Voreltern dieser Blutbund bekannt, wie schon aus den Versen der Edda zur Genüge hervorgeht, in denen Loki Odhin an ihren früheren Bund mahnt: Gedenkst du Odhin Wie wir in Urzeiten Das

nischen Reisenden, wie Nachtigal, Stanley u. a., zu ihrer eigenen Sicherheit für geraten fanden, wobei dann häufig noch, wie Post es beschreibt, eine feierliche Eidesleistung stattfindet. Auf den Tanembar- und Timorlao-Inseln wird z. B. beim Abschliefsen der Wahlbrüderschaft von den Wahlbrüdern ein Eid abgelegt, der, wie häufig im indonesischen Archipel, getrunken wird. Es wird ein Gemisch von Süfswasser, Seewasser, Palmwein und einigen anderen Ingredienzien hergestellt, worauf ein Häuptling denjenigen, die Blutsbrüderschaft trinken wollen, etwas Blut abzieht, welches mit der Flüssigkeit vermengt wird, die dann von den Freunden unter Herabwünschung von Unglück für den Fall des Treubruchs getrunken wird. Im Barbar-Archipel wird ebenfalls von den Wahlbrüdern ein Eid geleistet, indem unter gehörigen Formalitäten Schnitte in den Körper gemacht werden und das heraustropfende Blut mit Sago vermischt von den Beteiligten getrunken wird. Der Bruch eines solchen Eides hat nach dem Volksglauben die Folge, dafs der Eidbrüchige krank wird oder stirbt (Familienrecht S. 34). Hieran schliefst sich dann das gemeinsame Essen eines geschlachteten Tieres, was ursprünglich auch wohl als Blutmischung zu fassen ist.

Die Arten dieser künstlichen Verwandtschaften sind sehr mannigfaltig. Am einfachsten gestaltet sich die Sache da, wo durch die Vereinigung mehrerer Geschlechter mit einander ein grofser Geschlechterbund, eine Geschlechtsverbrüderung entsteht, wodurch selbstredend die sociale Bedeutung der einzelnen Stämme auch wächst. Besonders wird diese Fusion oder Koalition dann eintreten, wenn sich bestimmte Geschlechter für sich zu schwach fühlen und nach diesem inneren Rückhalt begehren. So vereinigen sich (schreibt Post) die Stämme der Berduraner zu Schutz- und Trutzbünden (Gundis), und diese Verbindung gilt für stärker als die Blutsverwandtschaft; die alten jüdischen

---

Blut mischten Beide? Du gelobtest nimmer Dich zu laben mit Trunk Würd' er uns beiden nicht gebracht (Lippert, Kulturgesch. II, 337 ff.).

Clans in Medina waren gezwungen, wegen ihrer Schwäche Schutzhörige der Aus und Khazray zu werden. Auch alte arabische Triben schlossen sich andern an, mit denen sie alsdann verwandt gelten (Familienrecht S. 26). Dieselbe Vorstellung prägt sich in der Wahlbrüderschaft aus, wo zwei Personen durch Eingehen eines äufserst innigen Freundschafts- und Schutzverhältnisses sich bis zum Tode gegenseitig zu unterstützen verpflichtet sind. Besonders kommt das zur Geltung im Fall der Blutrache, so, um nur ein Beispiel anzuführen, bei vielen Indianerstämmen. Bei den Pehuenchen schliefsen (so schreibt Post) zwei Männer, die sich gefallen, unter sich mit vielen Ceremonien ein Freundschaftsbund (Lacutun). Sie stehen sich dann in aller Not bei und sind im Kampf einer für den andern sich zu opfern verbunden. Bei den Wyandots und vielen anderen nordamerikanischen Indianerstämmen schliefsen oft ein paar junge Leute dauernde Blutsbrüderschaft, vertrauen sich ihre sämtlichen Geheimnisse an und verteidigen sich gegenseitig in jeder Beziehung (Grundlagen S. 69). Diese Wahlbrüderschaft kann sich auch steigern bis zur Güter- und Frauengemeinschaft und bis zum gegenseitigen Namensaustausch.

- Eine andere weit verbreitete Nachbildung der natürlichen Verwandtschaft ist die Pflegeverwandtschaft, wo ein Kind (meist in sehr zartem Alter) aus dem Hause seiner Eltern gegeben und der Obhut und Erziehung irgend eines Fremden unterstellt wird. Besonders ist dies Verfahren bei manchen fürstlichen Persönlichkeiten üblich, wie z. B. bei den Tscherkessen, wo der Vater seinen Sohn erst nach vollendeter Mannbarkeit wiedersieht. Das Verhältnis zwischen dem Pflegevater und dem Pflegebefohlenen gestaltet sich sehr verschieden; bald ist es ein besonders intimes und geradezu heiliges, der Blutsverwandtschaft ähnliches (wie im alten irischen Recht zwischen Lehrer und Schüler), oder der Pflegevater haftet für alle Vergehen seines Pflegekindes, oder es tritt Vermögensgemeinschaft ein.

Der Milchverwandtschaft wurde schon oben gedacht;

sie gründet sich auf die weitverbreitete Vorstellung, dafs durch das Trinken der Muttermilch eine gemeinsame Abstammung, eine Blutsverwandtschaft begründet wird. Ebenso ist noch zu erwähnen die Aufnahme einzelner Personen in andere Geschlechter; besonders bezieht sich das auf Kriegsgefangene, die als Mitglieder in den Stamm übergehen, falls sie brauchbar erscheinen. Ähnlich ist es, wenn berichtet wird, dafs im alten Arabien oft Sklaven und Kinder sich an blutsverwandte Stämme anschliefsen, oder wenn bei den Tscherkessen wohl Knechte zur Brüderschaft gehören.

Ganz besonders häufig ist aber die Aufnahme von Kindern in ein fremdes Geschlecht, die sogenannte Adoption. Der regelmäfsige Fall (bemerkt Post) ist derjenige, dafs der Adoptande vom Adoptanten an Kindesstatt angenommen wird. Es kommt aber auch vor, dafs jemand eine andere Person als Vater, Mutter oder Bruder adoptiert (Grundris I, 100). Das letztere ist z. B. der Fall in Afrika bei den Namagua, und dieser Brauch ist so mafsgebend, dafs auch jeder Fremde, besonders wenn er zu Handelszwecken ein Dorf besucht, entweder einen Vater oder eine Mutter hat (vgl. Post, Afrikan. Jurisprud. I, 42). Das treibende Motiv für diese künstliche Nachbildung ist sichtlich, den Bestand des Geschlechts zu erhalten, also namentlich wenn die Ehe kinderlos oder wenigstens kein männlicher Sprosse vorhanden ist, resp. der betreffende wahnsinnig oder mit irgend einem schweren socialen Gebrechen behaftet ist (z. B. bei den Indern aus der Kaste gestofsen). Bei einigen Gallastämmen (erzählt Post) erwerben die Verwandten eines Verstorbenen, der einziger Sohn und ohne Nachkommen war, um zu vermeiden, dafs der Name seines Geschlechts ausstirbt, auf dem nächsten Markt einen jungen Sklaven, welcher als Sohn des Verstorbenen adoptiert wird und dessen Namen empfängt. Auf den Pelauinseln sucht die Frau bei kinderloser Ehe Kinder zu adoptieren. Da hier nur die Frau es ist, die eine Familie begründet, so kann auch nur sie Kinder adoptieren

(Familienrecht S. 28). Es ist aber bemerkenswert, wie für die Adoption doch noch das ursprüngliche natürliche Verhältnis des Altersunterschiedes insofern bestimmend ist, als zwischen den beiden Personen ein solcher Abstand an Lebensjahren vorhanden sein mufs, dafs theoretisch genommen die Möglichkeit frei gelassen ist, von einer unmittelbaren leiblichen Abstammung reden zu können. Diese Altersabstufungen sind somit jederzeit für die entsprechenden Adoptierungen von Söhnen, Brüdern und Vätern zu beobachten. So kann im Pendschab niemand adoptiert werden, der nicht wenigstens eine Stufe tiefer steht als der Adoptierende.

Die Konsequenzen dieser fingierten Verwandtschaft sind sehr mannigfaltig. Während öfter das angenommene Kind ganz aus seiner Familie ausscheidet und in die eines neuen Vaters übergeht (was namentlich für das Erbrecht sehr in Frage kommt), ist es umgekehrt auch nicht unerhört, dafs es auch mit seinen eigentlichen Verwandten in gewissen Beziehungen bleibt, z. B. in Indien, wo der Sohn in der That zwei Väter erhält.

## IV.

### Die Eheschließung.

Für das Eingehen einer rechtlich anerkannten, regulären Ehe sind, wie leicht begreiflich, die Verwandtschaftsverhältnisse, vor allem die Blutsverwandtschaft in erster Linie ausschlaggebend, und dieses Princip variiert wieder, je nachdem innerhalb eines Stammes endogene oder exogame Ehen erlaubt, resp. verboten sind. Mitunter scheint die Blutsverwandtschaft überhaupt kein Hindernis für die Ehe zu sein, wenigstens nicht für den geschlechtlichen Verkehr. Dahin gehören manche Nachrichten der alten Schriftsteller, wenn z. B. Strabo von den polyandrisch lebenden Arabern erzählt, dafs sie mit ihren Müttern und Schwestern geschlechtlichen Umgang zu haben pflegten, oder wenn uns dasselbe von den Lubus auf Sumatra berichtet wird. Immerhin ist bei solchen Zuständen auch die Rücksicht nicht aufser acht zu lassen, inwiefern hier nicht an ursprüngliche Stammes- und Gruppenehen zu denken ist, sondern nur an eine Zersetzung und Lockerung früherer Normen. Bei Ehen zwischen Brüdern und Schwestern, wie sie z. B. in Eran besonders unter fürstlichen Persönlichkeiten üblich waren, ist der Gedanke an die Reinhaltung des Blutes mafsgebend. Dasselbe war der Fall bei den alten Ägyptern, oder um ein Beispiel aus dem Kreise der Naturvölker anzuführen, auf Tahiti, auf den Markesasinseln und auf den Sandwichinseln, weil man in den regierenden Familien bisweilen sonst keine ebenbürtige Ehe zustande bringen und nur auf diese Weise Erbstreitigkeiten vermeiden konnte. Von hervorragendem Einflufs ist ferner das bei einem Volk herrschende Verwandschaftssystem; ist dies das Vaterrecht, so können sich die Kinder von Brüdern nicht heiraten, wie z. B. bei den Orang Sambimba im Süden von Malakka, wohl aber die Nachkommen von Schwestern oder diejenigen von Bruder und Schwester (vgl. Post, Familienrecht S. 223). Umgekehrt ist bei den Hovas auf Madagaskar, wie derselbe Gewährsmann anführt, die Heirat zwischen Bruderskindern gebräuchlich, diejenige zwischen Bruder- und Schwesterkindern erlaubt, während diejenige zwischen Schwesterkindern als Incest angesehen wird. Hier ist also das Mutterrechtssystem mafsgebend. Oder aber es kommt vor, dafs alle Ehen zwischen Geschwisterkindern verboten sind, z. B. bei den Alfuren der Minahasa, auf den Karolinen, auf Serang u. s. w., während umgekehrt diese Ehen gestattet und nur diejenigen zwischen Tante und Neffe und Onkel und Nichte verboten sind, wie bei den Dajaks am Laufe des Baritu. Andere Ehehindernisse, die aber gleichfalls wieder durch ebensoviele Ausnahmen durchkreuzt werden, sind Milchverwandtschaft, Wahlbrüderschaft, Schwägerschaft, körperliche Mängel (Impotenz, mangelnde Reife u. s. w.), und besonders bei entwickelter Geschlechterverfassung Standesunterschiede. Post führt u. a. folgende Beispiele an: „Wo sich in einer Völkerschaft bestimmte Klassen, Stände oder Kasten gegeneinander abscheiden, ist häufig die Heirat unter Personen verschiedener Klasse, verschiedenen Standes, verschiedener Kaste verboten. Auf Madagaskar ist das Volk in die Klassen des Adels, der Bürgerlichen und der Sklaven geschieden, und diese drei

Klassen können, mit wenigen Ausnahmen, keine Heiraten unter einander schliefsen. In Indien ist eine Heirat zwischen Brahmanen und Çudras (der schwarzen, eingeborenen Rasse) absolut untersagt. Die anderen Kasten können nach den Rechtsbüchern in die nächstunteren heiraten. Heutzutage schliefsen sich in Indien die Kasten vielfach scharf voneinander ab. Das chinesische Recht verbietet die Heirat zwischen freien Personen und Sklaven, die deutschen Volksrechte die Ehe der Freien mit Unfreien, das westgotische auch die des Freigelassenen mit dem Patron und dessen Familie. In Rom war die Ehe zwischen Patriciern und Plebejern verboten, bis dies Ehehindernis durch die lex Canuleja (304) beseitigt wurde. Im alten Deutschland ragten unter den Freien einzelne edle Geschlechter hervor, denen die Ehe mit Freien verboten war. Bei den Makassaren und Buginesen wird streng darauf gehalten, dafs eine Frau von höherem Stande nicht einen Mann von niedrigerem Stande heiratet, hier ein Überbleibsel früherer matriarchalischer Organisation (Grundlagen S. 259). Auch die Religion kann, sobald dieselbe von socialer Bedeutung wird, ein Ehehindernis abgeben; so ist für die Moslems eine Ehe mit Ungläubigen verboten, oder das römische Recht verwehrte, nachdem das Christentum zur offiziellen Staatsreligion erhoben war, die Ehe zwischen Juden und Christen. Je mehr die alte Geschlechtsorganisation zerfällt und das demokratische Princip der Rechtsgleichheit auch für die Ehe zur Geltung gelangt, schwinden die früheren Verbote, und es bleibt nur noch eine gewisse durch Geld, politische Macht und vor allem durch Bildungsunterschiede bedingte Schranke zwischen den verschiedenen Schichten der modernen Gesellschaft bestehen, obwohl auch bekanntlich für unsere Zeit das sociale Moment des Standes noch eine verhängnisvolle Rolle spielt".

Was die Form der Eheschliefsung anlangt, so existieren wirkliche Hochzeitsgebräuche bei den vielfach so lockeren Verhältnissen des Naturvolkes manchmal durchaus nicht;

besonders gilt das von manchen polynesischen Inseln und von Neuseeland. Gelegentlich kommt es auch vor, dafs nur die erste Ehe mit einem gewissen Ceremoniell begangen wird (so z. B. in Afrika, was auch schon aus dem erheblich geringeren Brautpreis erhellt). Häufig spielt die Jungfräulichkeit der Braut bei der Hochzeit eine Rolle, so dafs im entgegengesetzten Fall die gröfsten Beschimpfungen der Beteiligten eintreten, ja manchmal die Auflösung der Verlobung erfolgt und die Rückzahlung des Brautpreises. Umgekehrt legen manche Naturvölker so wenig Wert auf die Bewahrung der Jungfräulichkeit, dafs sie es geradezu als einen beneidenswerten Vorzug eines Mädchens ansehen, wenn sie schon geschlechtlichen Umgang gepflogen und Kinder geboren hat. Ihnen fehlen vielfach, wie bekannt, überhaupt die Bezeichnungen, um den Unterschied zwischen Frau und Jungfrau auszudrücken, obwohl daraus ja nicht, wie schon Peschel richtig hervorgehoben, unmittelbar auf den entsprechenden Mangel der sittlichen Anschauung geschlossen werden darf. Im übrigen kann wohl kein Zweifel darüber aufkommen, dafs die Keuschheit erst eine Errungenschaft höherer Kultur ist, ganz besonders aber für das Leben vor der Ehe. — Sodann ist noch eine weitverbreitete Sitte zu erwähnen, dafs der Ehe eine gewisse Zeit der Enthaltsamkeit vorauszugehen hat, in erster Linie für die Braut, aus dem Grunde, weil man daraus einen günstigen Einflufs auf die Nachkommenschaft ableitete. So erzählt Post: „In Marokko wird, sobald die Ehe vor dem Kadi abgeschlossen ist, die Braut acht Tage lang eingesperrt und von ihren Blutsfreundinnen besucht. Es kommt auch ein Thaleb oder Faki zu ihr, welcher von dem heiligen Stande der Ehe mit ihr redet und darauf bezügliche geistliche Lieder singt. Auch der Bräutigam zieht sich fünf Tage lang in seine oder die zukünftige Wohnung mit seinen Freunden zurück. Nach der Hochzeit mufste sich der neue Ehemann acht Tage, die junge Frau ein ganzes Jahr zu Hause halten und durfte auch ihren Vater und ihre Brüder nur im Beisein ihres Mannes sehen. Bei den Beduan im Samhar bleiben die jungen Eheleute vierzig Tage im Hause, wo sie von den intimen Freunden besucht werden. Bei einigen Stämmen mufs die junge Frau volle drei Jahre im Hause aushalten, ohne auszugehen oder eine Arbeit anzufassen. In Arkiko dürfen die Neuvermählten vierzig Tage lang das Haus nicht verlassen und werden während dieser Zeit täglich mit Fleisch bewirtet" (Afrikan. Jurisprudenz I, 394). Dasselbe wird von den nordamerikanischen Indianern und manchen indonesischen Völkerschaften berichtet. Endlich findet sich ebenfalls eine Sitte weitverbreitet, der zufolge die junge Frau nach der Hochzeit wieder für einige Zeit zu ihren Eltern zurückkehrt, um dann erst endgültig mit ihrem Manne zusammenzuziehen. Wie Post vermutet, hängt dies vielleicht mit den sogenannten Busenrecht und der teilweisen Abtragung des Brautpreises zusammen; nach jenem stand dem Bräutigam der Verkehr mit seiner Braut frei, aber die Heimführung der Braut aus dem elterlichen Hause geschah erst mit der völligen Abzahlung des ausbedungenen Kaufpreises. Jener Brauch ist, wie Vambery erzählt, z. B. bei einigen Turkomannenstämmen im Schwange, die die schon verheiratete Tochter ein Jahr lang im Elternhause zurückbehalten, während welcher Zeit der junge Mann nur verstohlen seiner Ehehälfte sich nähern darf, und wenn er ertappt wird, den Schwiegereltern bedeutende Geschenke geben mufs. Dies dauert, bis die Frau das erste Kind geboren hat (Post, Familienrecht S. 242).

## V.

## Die Eheauflösung.

Die Ehe ist lösbar entweder durch den Tod eines der beiden Ehegatten oder durch bestimmte, mehr oder minder ceremonielle Scheidung. Im Falle des Ablebens des Mannes ist es eine häufige Sitte, dafs die Frau ihrem Gemahl in den Tod zu folgen gezwungen ist. Post erklärt diesen Brauch so: „Der Gedanke, welcher hierbei bestimmend ist, ist regelmäfsig der animistische [1]), dafs der verstorbene Ehegatte im jenseitigen

---

[1]) Vgl. Tylor, Einleitung in das Studium der Anthropologie S. 417: „In Peru, wo sich bei dem Tode eines Herrschers die Weiber desselben erhängten, um ihm im Jenseits dienstbar zu sein, und wo zahlreiche Diener vor ihm begraben wurden, damit er von den Seelen derselben begleitet werde, erzählte man sich, längst Verstorbene nebst ihren geopferten Weibern und geschmückt mit in das Grab gelegten Gegenständen gesehen zu haben. Noch vor wenigen Jahren wurde in Madagaskar erzählt, der Geist des Königs Radama sei gesehen worden, mit der Uniform bekleidet, welche man mit ihm begraben hatte, und auf einem der Pferde reitend, die am Grabe getötet worden waren. Diese modernen Beispiele setzen uns in den Stand, uns eine Vorstellung von den alten Bestattungsgebräuchen zu machen, deren Spuren wir in den alten Begräbnisstätten mit ihren Skeletten, Bronzewaffen und goldenen Armringen erkennen. In

Leben ausreichende Bedienung haben müsse. Der überlebende Ehegatte folgt daher dem verstorbenen aus demselben Grunde, aus welchem dem Verstorbenen auch Sklaven, Pferde, Schätze, Speisen u. s. w. nachgeschickt werden, damit er im Reiche der Schatten mit dem gleichen Prunk auftreten könne, wie im irdischen Leben. Mit dem Untergang dieser religiösen Vorstellung geht auch diese Sitte unter, und wenn sie sich trotzdem erhält, so wird ihr eine fremde Idee, die eines Opfertodes aus Liebe, untergeschoben. Der Regel nach ist es das Weib, welches dem Manne in den Tod folgt, entsprechend der regelmäfsig dienenden Stellung derselben. Wo aber der Mann der Frau gegenüber sich in einer sklavenartigen Position befindet, wie namentlich bei Männern, welche von Weibern königlichen Geblüts zum Gemahl erkoren sind, kommt es auch vor, dafs der Mann der Frau ins Grab folgen mufs" (Familienrecht S. 244). Dafs die hinterbliebene Frau das Schicksal ihres Mannes zu teilen hat, ist so bekannt, dafs einige wenige Beispiele genügen; so wird diese Sitte in vielen Landschaften Afrikas beobachtet, in ganz Melanesien, auf vielen polynesischen Inseln, in Neuseeland, bei der Urbevölkerung Chinas, den Miao oder Miaotse, bei den Pampasindianern u. s. w. Ebenso verbreitet ist die Bestimmung über die Einhaltung einer Trauerzeit, besonders für die

der klassischen Litteratur besitzen wir zahlreiche Zeugnisse dafür, dafs die modernen barbarischen Gebräuche mit denen der vorhistorischen Zeit völlig übereinstimmen, wie die Verbrennung von trojanischen Gefangenen, von Pferden und Hunden auf dem Scheiterhaufen, auf welchem die Leiche des Patroklus verbrannt wurde, Herodots Schilderung der scythischen Bestattungsgebräuche und die Erzählung, wie Melissas Geist zurückkam, weil man es versäumt hatte, Kleider für sie bei ihrer Bestattung zu verbrennen. In manchen Gegenden von Indien wird noch heute die Witwe auf dem Scheiterhaufen des verstorbenen Gatten verbrannt. Während in Europa in alter Zeit die Pferde an den Grabhügeln von Königen und Edelleuten getötet wurden, wurden dieselben im Mittelater nur in der Leichenprozession mitgeführt und dann der Kirche geschenkt." Dafs für die indische Leichenverbrennung auch Priesterintriguen und Fälschungen des Veda mit in Betracht kommen, ist bekannt.

Witwe (seltener für den Mann), die für diesen Zeitraum ein zurückgezogenes und enthaltsames Leben zu führen hat; gelegentlich ist ihr überhaupt jede Wiederverheiratung an und für sich untersagt (so durch Manu).

Endlich existieren bestimmte Ersatzpflichten des überlebenden Ehegatten für den verstorbenen, was ganz besonders dann zum Austrag kommt, wenn es sich um eine Ersatzfrau handelt; in diesem Falle erscheint die Wiederverheiratung als eine Pflicht des Witwers, und auf dem Grunde dieser Vorstellung erwächst die Institution der Leviratsehe, über die wir schon früher gesprochen haben.

Was die Ehescheidung anlangt, so giebt es zwischen den beiden Extremen, der völligen Unlösbarkeit der Ehe (es sei denn durch Tod) und der vollständig willkürlichen Trennung je nach Laune und Belieben, eine unendliche Fülle von Variationen, die schwer zu erschöpfen ist. Bisweilen genügt, wie bemerkt, eine blofse Verständigung oder auch nur eine einseitige Lösung, ohne dafs der andere Teil überall gefragt zu werden braucht. So schreibt Post von Afrika: „Hier und dort ist in Afrika die Ehe ein ganz aufserordentlich flüchtiges Verhältnis, welches von jedem Teile jederzeit beliebig aufgelöst werden kann. Diesen Charakter trägt die Ehe nicht blofs bei solchen Völkern, welche auf tiefer Kulturstufe stehen, sondern auch bei verhältnismäfsig entwickelten Völkern. So ist z. B. in Abyssinien die Ehe eine rein konventionelle Verbindung, welche solange besteht, als beide Teile damit zufrieden sind, und sobald dies nicht mehr der Fall ist, ohne Zuthun der Obrigkeit aufgelöst sind. Sie wird auch, so oft beide Teile wollen, wieder erneuert. Die Auflösung geschieht aus den nichtigsten Gründen. In früherer Zeit war es üblich, bei den Heiraten durch besondere Ehestiftungen eine Bufse zu bestimmen, welche der die Ehe grundlos auflösende Ehegatte dem anderen zu zahlen hatte. Man suchte aber auch hier nach den nichtigsten Gründen, um sich der Bufse zu entziehen" (Afrikan. Jurispr. I, 320). Sehr bedeutsam ist es auch hier, welches Verwandtschaftssystem herrscht; so ist es nach der Ambel-anak-Ehe der Frau jederzeit gestattet, ihren Mann, der ja nur ihr gesetzlicher Liebhaber ist, fortzuschicken, und ähnliche Gründe werden vorliegen, wo von einem derartigen Recht der Frau berichtet wird. Umgekehrt besteht bei streng patriarchalischer Organisation (besonders also unter Herrschaft des Frauenraubes und Frauenkaufs) für den Mann ein weiter Spielraum, je nach Laune und Gefallen sich seiner Frau entledigen zu können, während erst unter der staatlichen Periode unter der Geltung des Elternrechts sich bestimmte, für beide Teile rechtlich anerkannte Scheidungsgründe zu entwickeln pflegen.

Den Charakter der Unlösbarkeit nimmt die Ehe namentlich da an, wo irgendwie das religiöse Moment in der Form eines Sakraments hinzutritt, also erst bei verhältnismäfsig weiter entwickelten Völkerschaften. Doch zeigt sich diese Unverletzlichkeit auch schon, wie Post ausführt, auf Stufen niederer Gesittung: „So kann bei den Niasern der Batuinseln die Ehe nur durch den Tod gelöst werden: eine Ehescheidung ist durchaus unerlaubt. Auf Buru giebt es keine Ehescheidung. Verstöfst die Frau den Mann, so müssen ihre Blutsverwandten sie ins Haus zurückbringen. Auf Kisar giebt es keine Ehescheidung. Bei Ehebruch bezahlt der schuldige Mann eine Bufse zu Gunsten des Ehemannes. Bei den Papuas der Geelvinkbai auf Neuguinea kann die Ehe nur durch den Tod gelöst werden. Auch auf den Watubela-Inseln wurde in früherer Zeit eine Ehescheidung nicht zugestanden. Jetzt ist sie zulässig wegen Ehebruchs und Gleichgültigkeit" (Familienr. S. 251).

Anderseits bedarf es, wie schon erwähnt, einer gewissen Übereinkunft zwischen den Ehegatten, um den Bund zu lösen; dieser Fall ist nach Wilken[1]) besonders typisch ausgeprägt bei den Karo-Karo, einem Batakstamme an der Ostküste von Sumatra, wo weder längere, bösliche Verlassung, wiederholte Mifshandlung, Ehebruch u. s. w. dem

---

[1]) Bei Post, Familienrecht S. 252.

Manne oder Weibe das Recht geben, die Ehe zu lösen, sondern eben nur gegenseitige Verständigung dies ermöglicht. Anderwärts genügt diese Bedingung wieder nicht. Sehr weit verbreitet ist endlich die Ehescheidung auf Grund bestimmter Beschwerden, ganz besonders sind das Ehebruch und Unfruchtbarkeit der Frau.

In der primitiven Geschlechtsgenossenschaft, wo es an einer bestimmten, individuellen Ehe fehlte, konnte von einem Ehebruch im modernen Sinne des Wortes, als einer Verletzung der ehelichen Treue, nicht die Rede sein; dafür trat an die Stelle der geschlechtliche Umgang der Frau mit einem fremden Stammesgenossen. Erst in der Ausbildung der Geschlechterverfassung und namentlich mit der Durchbildung des Vaterrechts wird ein solcher Verkehr als ein Eingriff in die mundschaftlichen Rechte, welche allein dem Manne als Eheherrn zustehen, geahndet. Diese Anschauung erhellt unter anderem auch ganz klar aus dem Umstande, daſs dieser Überbegriff nur dann als ein Rechtsbruch betrachtet wird, wenn das Weib ohne Wissen und Erlaubnis ihres Mannes handelt; weiſs dieser dagegen um die Sache, ja hat er sogar seine Frau dazu veranlaſst, so fällt damit jede Bestrafung von selbst fort. „In den primitiven Gebilden", sagt Letourneau mit Recht, „herrschte die Prostitution ganz allgemein und war durchaus nicht anstöſsig. Die Töchter und freien Frauen verkaufen sich freiwillig, häufiger aber noch sind sie ein Gegenstand des Verhandelns für ihre Eltern. Die Frauen, die schon individuelles Eigentum sind, müssen im Princip geschont werden, aber nur in demselben Sinne, wie jedes andere Objekt; ihre Herren, ihre Männer, diejenigen, welche sie geraubt oder gekauft haben, haben in Wahrheit das Recht, sie zu verleihen, wem sie wollen, wie es die Australier heutigentags thun und wie es die Polynesier ehemals thaten" (L'évolution p. 193, vgl. Hellwald, Familie S. 325 ff.). Daſs die Prostitution[1] aber

---

[1] Über die besonders bei den Orientalen, aber auch anderweitig

auch in späteren Zeiten sehr geblüht hat, z. B. wie Letourneau hinzufügt, in den grofsen Staaten Centralamerikas, im alten Peru und Mexico, in Nicaragua, wo man schon Freudenmädchen kannte und öffentliche Häuser, ja dafs sie auch in der modernen Gesellschaft zu einer Art legalen Institution herangewachsen ist, die der regelmäfsigen Ehe bedenkliche Konkurrenz macht, ist bekannt genug, um weiter erörtert zu werden. In letzterer Beziehung führt sie dann über zum Konkubinat, dieser freien und durch die Gewohnheit geduldeten Ehe, wie der französische Forscher sich ausdrückt, welche sogar durch die Gesetze anerkannt ist zur Seite der Monogamie; ursprünglich ist dieselbe aus dem Rechte des Siegers über die erbeuteten und deshalb ihm allein zur Verfügung stehenden Frauen und Töchter der Feinde entstanden, und das Konkubinat ist deshalb, wie Letourneau meint, bis auf den heutigen Tag dem Menschen mehr oder minder naturgemäfs (p. 210).

Anfänglich hatte der Ehemann, wenn er die schuldige Frau in flagranti ertappte, das Recht der sofortigen Tötung, ein weitverbreiteter Rechtsgrundsatz, der selbst seine Anwendung auf den Ehebrecher findet, weil dieser die mundschaftlichen Rechte des Ehemannes verletzt hat. Diese Anschauung findet sich, wie Post berichtet, z. B. in China, Tonking, im alten Siam, in einem der Gesetze des Jassa, bei den Larka-Kolhs, bei den Redjang auf Sumatra, bei den Kaffern, den Araukanern, den Beduinen, in Montenegro, im griechischen und römischen Recht, in der Graugans, den altnorwegischen, den Gesetzen Knuts, dem Gutalagh, im Gesetzbuch des Zaren Wachtang (Bausteine f. e. allgem. Rechtsw. I, 259), so dafs wir es hier offenbar mit einem universalhistorischen Gedanken zu thun haben [1]). Statt der

---

stark entwickelte Tempelprostitution (bekannt sind besonders die Casas das Tintas in Afrika) und deren Zusammenhang mit dem Mutterrecht, vgl. Lippert, Kulturgeschichte II, 15 ff.

[1]) Weitere Beispiele bei Post, Familienrecht S. 353 ff. Treffend hat für die primitive Auffassung des Ehebruchs Letourneau den Gesichtspunkt des Diebstahls zu Grunde gelegt (vgl. L'évolution p. 258 ff.).

Tötung erfolgt wohl auch Verstümmlung (Abschneiden von Nasen und Ohren und der Haare) oder Mifshandlung und später dann Verstofsung. Sehr bemerkenswert aber ist es, dafs in allen diesen Fällen gewöhnlich nur die Frau in die event. Strafe verfällt; vergeht sich der Mann, so geht er meist frei aus (so bei den Indianern, in Anahuac und anderwärts), wenigstens kommt er in der Regel mit einigen Schlägen und Rutenhieben davon. Es findet sich nur selten (versichert Post), dafs der Ehemann seiner Ehefrau in dem Fall aufserehelichen Verkehrs eine Bufse zu zahlen hat. Nach dem Frostuthingsgesetze hat die Frau von ihrem Ehemanne für jeden Fall des Umganges mit einem anderen Weibe eine Bufse von drei Mark zu fordern, und ähnlich hat in Grofs-Bassam der als untreu befundene Mann seiner Frau eine Bufse in Goldstaub zu bezahlen (Bausteine I, 264). Überall aber ist, wie Letourneau mit Recht hervorhebt, für den abgefafsten Ehebrecher der Gedanke wirksam, dafs er Diebstahl an fremdem Eigentum begangen hat und er deshalb sich eine Bestrafung oder Beschimpfung gefallen lassen mufs; eine Verletzung ehelicher Treue kommt dabei gar nicht in Frage (p. 282). Beiläufig sei noch bemerkt, dafs an die Stelle der Tötung oder empfindlicher Verstümmlung später irgend welche Bufszahlungen traten oder auch wohl die Bestimmung, dafs der Ehebrecher die verführte Frau zu heiraten gezwungen war. Ebenso ist es begreiflich, dafs im Laufe der Entwicklung der Staat die Rachejustiz dem betroffenen Ehemann aus der Hand nahm[1]).

Endlich ist noch eines für unser Empfinden befremdlichen Umstandes Erwähnung zu thun; während nach unserer Auffassung nur von Ehebruch die Rede sein kann, wenn geschlechtlicher Verkehr stattgefunden hat, wird bei ganz tiefstehenden Völkerschaften schon eine harmlose Freiheit dahin gerechnet, die sich etwa der Mann einer

---

[1]) Zur Zeit der Geschlechterverfassung entstand dadurch häufig eine Blutfehde und Blutrache, vgl. Post, Familienrecht S. 355.

Frau gegenüber herausnimmt. Post schreibt: „Auf Leti, Moa und Lakor ist es verboten, mit einer verheirateten Frau zu sprechen, wenn ihr Mann nicht zugegen ist. Wer dies thut, bezahlt herkömmlich festgestellte Bufsen an den Ehemann, an die Familie und an die Häuptlinge. Im Kululande enthält ein von einer Ehefrau mit einem anderen Manne gewechselter Blick oder ein mit ihm geführtes längeres Gespräch, die zufällige Begegnung zwischen einem Manne und einer Frau bei einem einem Dritten abgestatteten Besuche einen Ehebruch ersten Grades, und die Frau kann infolgedessen zu körperlicher Züchtigung, der Mann zu Geldbufsen an den beleidigten Gatten verurteilt werden. Bei den Muskogee galt schon die Frau als Ehebrecherin, welche einem Manne zu trinken gab, ohne sich einige Schritte weit zu entfernen. War bei den Creeks eine strenge Ehe geschlossen, so wurde die geringste Freiheit, die sich der Mann oder die Frau später nahm, als Ehebruch angesehen und mit Spiefsrutenlaufen bestraft. In Pontianak wird sogar der Mann mit Todesstrafe bedroht, welcher eine ins Wasser gefallene Frau rettet, wenn er kein Verwandter derselben ist" (Familienrecht S. 352).

## Schluſs.

Wir haben im Vorhergehenden die allmähliche Entwicklung der Ehe in ihren verschiedenen Formen auf der Erde verfolgt. Wie überall im Völkerleben, so zeigt sich auch hier neben groſsen, fundamentalen Thatsachen und Institutionen eine fast unübersehbare Fülle von Variationen, die eben jeder systematischen Klassifizierung spotten. So viel aber ist für jede unbefangene Prüfung des Materials gewiſs, daſs unsere modernen Anschauungen über Ehe und Verwandtschaft nicht für die Zeiten prähistorischer Entwicklung maſsgebend sein können; will man also überhaupt nicht auf eine organische Erklärung, auf eine wirklich genetische Ableitung der gegenwärtigen Einrichtungen und socialen Normen verzichten, so muſs man sich entschlieſsen, diesen Proceſs an der Hand der Akten der Völkerkunde möglichst zusammenhängend zu rekonstruieren. Eine Behauptung, wie die Starkes (auf die wir uns schon früher bezogen haben): „Ohne Zweifel sind die primitiven Verbindungen monogam gewesen, weil es an Motiven, mehrere Weiber zu wünschen, fehlte" (Primitive Familie S. 276) ist lediglich, wie schon die ganz und gar subjektive Begründung andeutet, ein dogmatischer Machtspruch, mit dem die wirklichen sachlichen Schwierigkeiten nicht gehoben werden. Vergegenwärtigen wir uns kurz das, was wir als hinlänglich gesicherte wissenschaftliche Erkenntnis anzusehen berechtigt sind.

Dahin gehört in erster Linie die durch die verschiedenartigsten Thatsachen und Beobachtungen gestützte Erscheinung des Mutterrechts, der ursprünglichen nur durch Mutter und Kind geschaffenen Gruppe, bei der der leibliche Vater eine verhältnismäfsig sehr unbedeutende Rolle spielte. Ganz davon unabhängig ist, das kann nicht scharf genug betont werden, die Promiscuität; dafs diese in erheblichem Umfange bestanden hat, scheint nicht unwahrscheinlich, wenn man die bezüglichen Nachrichten mit dem für die Urzeit so charakteristischen Kommunismus des Lebenshaushalts vergleicht. Dennoch mufs man sexuelle Lockerheit, besonders für die Zeit vor der Ehe, wohl unterscheiden[1]) von der zwangsweise erfolgenden Preisgebung der Frauen und Mädchen, um damit einer angeblichen Kulturpflicht zu genügen. Wie schon früher bemerkt, selbst wenn dies Problem in völlig negativem Sinne gelöst werden sollte und sich alle dahin bezüglichen Nachrichten als übertrieben erweisen, so würde dadurch die Thatsache des Mutterrechts gar nicht irgendwie berührt werden. Je mehr sich die Struktur der primitiven Geschlechtsgenossenschaft zersetzte, je mehr sich das mütterliche Blutband lockerte, desto mehr mufste die Macht und Selbstherrlichkeit des Mannes steigen, der völlig frei nach eigenem Ermessen sich von anderen

---

[1]) Mit Recht betont der vorsichtige Letourneau diesen Punkt, indem er zur Parallelisierung auf den bekannten polynesischen Geheimbund der Arécis hinweist, wo es sich auch nur um einen Ausnahmefall handele. Vielmehr liegen erst in den Gruppenehen einigermafsen an Promiscuität erinnernde Verhältnisse vor, wie z. B. bei den Kamilrois, bei welchen alle Angehörige eines Clans für Brüder des benachbarten Clans gelten, und ebenso die Frauen. Im übrigen bestimmt er als den ersten Zweck der Ehe lediglich den biologischen der Fortpflanzung, wie er ja, beiläufig bemerkt, auch noch ziemlich unverblümt in der römischen Auffassung von der Ehe hervortritt, vgl. p. 375 ff.

Stämmen Frauen anfänglich durch Raub (auf dem Wege der Gewalt und List), dann durch Kauf verschaffte. Diese waren nunmehr sein specielles unantastbares Eigentum, an dem sich niemand straflos vergreifen durfte, wollte er nicht die schwerste Rache auf sein Haupt herabbeschwören. Es erwachte allmählich die Vorstellung, daſs das Leben des Kindes aus zwei Quellen entspringe, und daſs auch das Blut des Vaters in den Adern seiner Spröſslinge rolle. Der Begriff des leiblichen Vaters entstand in der Volksphysiologie, obschon nicht zu vergessen ist, daſs in diesem Prozeſs auch sociale Momente verhängnisvoll gewirkt haben. Der Vater, der Hausvorstand einer patriarchalischen Organisation, war durchaus nicht, wie bereits früher eingehend erläutert, der wirkliche Erzeuger der von ihm beherrschten Gruppe, sondern eben nur ihr Gebieter und rechtsverantwortlicher Mundwalt. Deshalb war es auch sein Bestreben, durch einen möglichst ausgebreiteten Hausstand es allen zuvorzuthun, da eben eine Familie auch der Gradmesser seiner socialen Bedeutung war. Die Liebe des Vaters[1]) aber zu seinen Kindern, von der auf der Stufe des Mutterrechts überhaupt noch keine Rede sein konnte, würde man auch hier, wenigstens in der modernen Auffassung des Worts, vielfach vergeblich suchen; es ist überall nur das Interesse des Stammes oder der Hausgenossenschaft, welches als sittliches Motiv wirksam ist. Von irgend einer Neigung, z. B. beim Abschluſs einer Ehe seitens der Verlobten, ist noch nichts zu spüren; die Ehe ist ein rein socialer Akt,

---

[1]) Vgl. Girand-Teulon S. 144: „Wenn man die weniger civilisierten Völkerschaften beobachtet, so bemerkt man, daſs die Feindseligkeit zwischen dem Vater und seinen Kindern der gewöhnliche Zustand ist. Bei den Negern sogar meist Haſs; so schreibt Burton von ihnen: Nach der ersten Kindheit werden Vater und Kinder gewöhnlich Feinde nach Art der wilden Tiere. . . . Die Liebe zwischen Vater und Kindern scheint daher eher eine Errungenschaft der Kultur als eine unveränderliche Erscheinung in der Geschichte der Menschheit zu sein, und das Gefühl der Vaterschaft, das einer so erhabenen Zukunft bestimmt ist, hat als Ausgangspunkt ein egoistisches Motiv gehabt."

der von dem Häuptling oder Patriarchen aus Gründen des praktischen Interesses vorgenommen wird. Ebenso offenbart sich diese schrankenlose Despotie in dem Verhalten des Hausherrn zu seinen Frauen; während jede geschlechtliche Freiheit dieser auf das härteste bestraft wird, bisweilen wohl mit dem Tode, falls sie ohne Vorwissen des Mannes ausgeübt wurde, war er selbst befugt, sobald er irgend einen persönlichen Vorteil damit für sich verknüpft sah, sein Weib anderen zu überlassen oder sich selbst irgend welche sexuelle Übergriffe zu gestatten. Mit vollem Recht sagt daher Hellwald: „Ängstlich hütet der Herr seine weiblichen Schätze in abgesonderten Räumen, bewahrt sie vor jeglicher fremder Berührung, schaltet und waltet damit aber nach Gutdünken und überläfst sie dem Gastfreunde oder jemandem, von dem er sich Nutzen verspricht. Obgleich unter diesen Verhältnissen das Weib längst den Erzeuger ihrer Kinder kannte, lebten diese noch lange in der Mutterfolge fort, bis endlich auch sie dem Eigentum ihres Vaters anheimfielen nach dem Grundsatze: Wer das Feld besitzt, dem gehört auch die Frucht. Noch kannte diese Zeit nur Vaterrechte, keine Vaterpflichten, so wenig als Vaterliebe. In diesen Anschauungen erstarkte die väterliche Gewalt; es entstand die Patriarchalfamilie, richtiger die Sippe, welche den grofsen Kreis aller in der Gewalt des Patriarchen befindlichen, männlichen und weiblichen Mitglieder umfaste und eine gründliche Umwälzung der Verwandtschaftsbegriffe zur Folge hatte. Die natürliche mütterliche Blutsverwandtschaft wird ersetzt durch die künstliche Vorstellung der Abstammung von einem gemeinsamen Ahnherrn, und diese neue Verwandtschaft pflanzte sich blofs in der männlichen Linie fort" (Familie S. 508). Gerade dies eben berührte Moment eines möglichst der Gegenwart entrückten, meist mit religiösem Nimbus umkleideten Stammparens ist für die weitere Ausgestaltung dieses erweiterten Vaterbegriffs sehr wichtig. Schon dem verstorbenen Familienoberhaupte werden Opfer dargebracht und religiöse Verehrung überhaupt gezollt, bis dann in schärferer Ausbildung dieses animistischen Grundgedankens aus dem Familienschutzgeist ein Stammesgott wird, mit dem man durch eine Reihe von Genealogien den blutsverwandtschaftlichen Zusammenhang herzustellen sucht. Wie früher lediglich die Blutsverwandtschaft mit der Mutter, so war nun die Abstammung vom Vater entscheidend für Erbfolge, Namengebung, Freiheit und Unfreiheit, Übernahme von Rang und Würden u. s. w. Obwohl die geschlechtliche Zügellosigkeit manchmal eingeschränkt wurde und eine strengere Zucht eintrat, so war das Leben doch noch von manchen sexuellen Ausschreitungen (nach unseren Begriffen geurteilt) nicht frei, besonders gilt das von der Zeit vor dem Abschlufs einer festen Ehe. Die reguläre Eheform des Vaterrechts ist die Polygamie ( die Polyandrie ist allem Anschein nach keine universalhistorische Erscheinung), wie es in der Natur der Sache liegt, wo der Hausherr allen Gelüsten ohne irgend welches Bedenken den Zügel schiefsen lassen kann. Nur eine Schranke giebt es, das sind die unüberschreitbaren Existenzbedingungen, die mit unerbittlichem Druck den Armen zur Monogamie zwingen. Es ist die Einehe aus bittrer Not, wie sie noch heutigentags in vielen Ländern zu beobachten ist, die im übrigen die Polygamie ohne jede Einschränkung gestatten. Davon aber abgesehen ist die Monogamie — ganz verschwindende Ausnahmen nicht gerechnet — erst das Produkt hochgesteigerter Kultur, genau ebenso wie die Elternverwandtschaft, nach welcher das Kind sowohl dem mütterlichen, wie dem väterlichen Geschlecht angehört, eine Errungenschaft fortgeschrittener Gesittung und Erkenntnis ist. Erst jetzt erlangt das junge Leben den Schutz und die Obhut, die ihm gebührt, erst jetzt entwickelt sich auch für die frühesten Lebensjahre das unantastbare Recht der individuellen Persönlichkeit, von der frühere Perioden nichts ahnten.

Überblickt man von dieser Perspektive diese ganze Entwicklung, so ist es ein charakteristischer Grundzug, der uns überall entgegentritt, es ist die Herausbildung des **Individuums** aus ursprünglich mehr oder weniger kommunistischen Zuständen. Wir sehen hierbei wiederum von der heiklen Frage einer legalen und zwangsweise geforderten Promiscuität ab, aber jedenfalls ist die Thatsache der früher besprochenen Gruppenehen nicht zu bestreiten. Dazu kommt die sonstige kommunistische Anlage und Struktur der primitiven Geschlechtsgenossenschaften betreffs des Vermögens, Eigentums, der Vergehen u. s. w., so dafs man wohl Post zustimmen kann, wenn er sagt: „In den primitivsten, auf Blutsverwandtschaft gestützten ethnisch-morphologischen Verbänden giebt es überall kein individuelles Recht und keine individuelle Pflicht. Man findet hier weder ein individuelles Verbrechen, noch eine individuelle Schuld, weder ein individuelles Eigentum, noch eine individuelle Ehe oder Vaterschaft. Vielmehr ist der Verband selbst, das Geschlecht oder der Stamm als Ganzes hier alleiniges Rechtssubjekt; er allein hat Rechte und Pflichten, und zwar nach Analogie der heutigen völkerrechtlichen Rechte und Pflichten. Alles, was gegen einen einzelnen Blutsfreund gerichtet ist, gilt als gegen die ganze Blutsfreundschaft gerichtet. Alles, was ein Blutsfreund gegen den Genossen eines anderen Stammes thut, gilt als von der ganzen Blutsfreundschaft des Thäters gethan. Alles Eigentum ist lediglich Stammeseigentum, alle Schuld Stammesschuld. Die Weiber und Kinder gelten ebenfalls als Gemeingut des Stammes. Die Geschichte der Entwicklung der heutigen individuellen Persönlichkeit aus dem Kommunismus der primitiven Blutsfreundschaften ist die Geschichte der natürlichen Person. Sie scheidet sich erst ganz allmählich infolge der Entwicklungsgeschichte der ethnisch-morphologischen Bildungen aus den auf Blutsverwandtschaft gestützten organischen Verbänden ab, und erst in hochentwickelten staatlichen Bildungen kommt sie zu vollem Ausdruck. Der im Staate zur Erscheinung gelangende Gesamtwille der ethnisch-morphologischen Bildungen eines bestimmten ethnographischen Gebietes giebt dem einzelnen einen bestimmten Spielraum für die Entfaltung seiner Persönlichkeit und gleichzeitig bestimmte Grenzen, deren Überschreitung als Rechtsbruch, als ein Eingriff in die anderen Individuen gewährleistete Sphäre oder als ein Angriff gegen die ethnisch-morphologischen Bildungen angesehen wird, aus denen sich der Staat zusammensetzt. Dadurch entstehen erst individuelle Rechte und Pflichten, damit wird erst der einzelne Mensch zu einem Rechtssubjekt" (Bausteine für eine allgemeine Rechtswissenschaft I, 74)[1]. Das gilt auch in vollem Umfang von der Geschichte der Ehe und Verwandtschaft; auch hier sind es anfänglich Gruppen und Klassen von Personen, die mit einander in Beziehung treten, und ebenso schliefsen sich, wie ja schon erörtert, die Kinder den entsprechenden Verbänden und Associationen an, nicht den einzelnen Individuen, an die sie die unmittelbare leibliche Abstammung kettet. Und wie aus diesem Chaos erst im langsamen Prozefs die einzelne, rechtlich und sittlich verantwortliche Persönlichkeit, wie wir sie heutzutage kennen, sich emporringt, so auch, wie Giraud-Teulon ganz treffend bemerkt, die Familie. Sie existiert nicht a priori — wenigstens nicht in der Gestalt, wie wir hinzufügen können, die wir kennen und als die normale und einzig berechtigte hinzustellen belieben —, sondern sie entwickelt sich stets aus höchst primitiven Ansätzen zu weiterer Vervollkommnung.

Endlich bedarf noch ein Punkt, ehe wir diesen Überblick schliefsen, der Erwähnung, das ist die Beziehung der Religion zur Ehe. Gewifs hat für die moderne Auffassung die christliche Lehre des Sakraments, vor allem in der katholischen Kirche, wo die Ehe als unlösbar gilt, einen sehr bestimmenden Einflufs ausgeübt, die Monogamie wurde damit zur einzig erlaubten, weil religiös geheiligten Eheform

---

[1] Vgl. dazu die ähnliche Ausführung bei Giraud-Teulon S. 281 ff., der geradezu die Tendenz zur Individualisierung das beherrschende Gesetz der Entwicklung nennt.

und mit ihr auch die Monogynie. Die Erhebung der Ehe zum Sakrament rief die Überzeugung hervor, dafs die lebenslängliche Verbindung eines Mannes und einer Frau unter allen Umständen die einzig nicht ungesetzliche Form des Geschlechtsverkehrs sei, und diese Überzeugung hat die Kraft einer intuitiven sittlichen Überzeugung erlangt, wie Hellwald sich ausdrückt (Familie S. 554). Aber man würde doch irre gehen, wenn man nur vom Christentum diese Einwirkung ableiten wollte; vielmehr weisen uns viele bedeutsame Rudimente, die völlig jenseits der Sphäre christlicher Dogmen liegen, darauf hin, dafs für die Entwicklung der Ehe auch sonst mythologische und religiöse Vorstellungen ganz allgemeiner Art mit in Betracht kommen. Dahin gehören die vielfachen Festlichkeiten, bei denen die Priester nach vorgeschriebenem Ritus feierliche Opfer verrichteten, wie wir sie fast überall sowohl bei den eigentlichen Naturvölkern, wie bei den Nationen vorgeschrittener Bildung und Gesittung antreffen. Die Vertreibung böser Geister, das Anrufen hülfreicher Gottheiten, das Umwandeln des Herdes (wo die schirmenden Hausgötter ihren Sitz hatten), die umständlichen Auspicien, nach deren Ausfall erst die Ehe geschlossen wurde, endlich die Hochzeit selbst in ihren verschiedenen Stadien, das gemeinsame Geniefsen eines Mahles und eines Trankes u. s. w., alle diese Bräuche und Vorstellungen (vgl. übrigens Lippert, Kulturgesch. II, 140 ff.) zeigen offenbar einen weiten religiösen Hintergrund. Trotzdem aber würde es verfehlt sein, überall auf den einzelnen Stufen der socialen Entwicklung jedesmal nach besonderen religiösen Faktoren zu suchen; vielmehr sind hier, abgesehen von ganz besonderen Erscheinungen, wie z. B. denjenigen Gebräuchen, die unmittelbar mit dem Kult und religiösen Vorstellungen zusammenhängen, wie z. B. die Tempelprostitution, in der Hauptsache nur sociale Gründe mafsgebend, wie es ja auch gar nicht anders sein kann. Handelt es sich doch immer um Änderungen in der Struktur der menschlichen Gesellschaft, die eben durch den

Charakter dieser Organisation selbst bedingt sind; dafs aufserdem noch, je nach den Umständen verschieden, sittliche und religiöse Ideen mit ins Spiel kommen, ist selbstverständlich und bedarf für die Zeiten prähistorischer Entwicklung um so weniger ausdrücklicher Hervorhebung, weil hier noch die einzelnen Gebiete des geistigen Lebens nicht so scharf voneinander gesondert sind, wie wir das nach unserem Mafsstab zu erwarten gewohnt sind.

**Bisher ebenfalls im SEVERUS Verlag erschienen:**

**Andreas-Salomé, Lou** Rainer Maria Rilke * **Arenz, Karl** Die Entdeckungsreisen in Nord- und Mittelafrika von Richardson, Overweg, Barth und Vogel * **Aretz, Gertrude (Hrsg)** Napoleon I - Briefe an Frauen * **Ashburn, P.M** The ranks of death. A Medical History of the Conquest of America * **Avenarius, Richard** Kritik der reinen Erfahrung * **Bernstorff, Graf Johann Heinrich** Erinnerungen und Briefe * **Binder, Julius** Grundlegung zur Rechtsphilosophie. Mit einem Extratext zur Rechtsphilosophie Hegels * **Bliedner, Arno** Schiller. Eine pädagogische Studie * **Braun, Lily** Lebenssucher * **Braun, Ferdinand** Drahtlose Telegraphie durch Wasser und Luft * **Burkamp, Wilhelm** Wirklichkeit und Sinn. Die objektive Gewordenheit des Sinns in der sinnfreien Wirklichkeit * **Caemmerer, Rudolf Karl Fritz** Die Entwicklung der strategischen Wissenschaft im 19. Jahrhundert * **Cronau, Rudolf** Drei Jahrhunderte deutschen Lebens in Amerika. Eine Geschichte der Deutschen in den Vereinigten Staaten * **Cushing, Harvey** The life of Sir William Osler, Volume 1 * The life of Sir William Osler, Volume 2 * **Eckstein, Friedrich** Alte, unnennbare Tage. Erinnerungen aus siebzig Lehr- und Wanderjahren * **Eiselsberg, Anton Freiherr von** Lebensweg eines Chirurgen. * **Elsenhans, Theodor** Fries und Kant. Ein Beitrag zur Geschichte und zur systematischen Grundlegung der Erkenntnistheorie. * **Ferenczi, Sandor** Hysterie und Pathoneurosen * **Fourier, Jean Baptiste Joseph Baron** Die Auflösung der bestimmten Gleichungen * **Frimmel, Theodor von** Beethoven Studien I. Beethovens äußere Erscheinung * Beethoven Studien II. Bausteine zu einer Lebensgeschichte des Meisters * **Fülleborn, Friedrich** Über eine medizinische Studienreise nach Panama, Westindien und den Vereinigten Staaten * **Goldstein, Eugen** Canalstrahlen * **Heller, August** Geschichte der Physik von Aristoteles bis auf die neueste Zeit. Bd. 1: Von Aristoteles bis Galilei * **Helmholtz, Hermann von** Reden und Vorträge, Bd. 1 * Reden und Vorträge, Bd. 2 * **Kalkoff, Paul** Ulrich von Hutten und die Reformation. Eine kritische Geschichte seiner wichtigsten Lebenszeit und der Entscheidungsjahre der Reformation (1517 - 1523) * **Kerschensteiner, Georg** Theorie der Bildung * **Külz, Ludwig** Tropenarzt im afrikanischen Busch * **Leimbach, Karl Alexander** Untersuchungen über die verschiedenen Moralsysteme * **Liliencron, Rochus von/Müllenhoff, Karl** Zur Runenlehre. Zwei Abhandlungen * **Mach, Ernst** Die Principien der Wärmelehre * **Mausbach, Joseph** Die Ethik des heiligen Augustinus. Erster Band: Die sittliche Ordnung und ihre Grundlagen * **Müller, Conrad** Alexander von Humboldt und das Preußische Königshaus. Briefe aus den Jahren 1835-1857 * **Oettingen, Arthur von** Die Schule der Physik * **Peters, Carl** Die deutsche Emin-Pascha-Expedition * **Poetter, Friedrich Christoph** Logik * **Popken, Minna** Im Kampf um die Welt des Lichts. Lebenserinnerungen und Bekenntnisse einer Ärztin * **Rank, Otto** Psychoanalytische Beiträge zur Mythenforschung. Gesammelte Studien aus den Jahren 1912 bis 1914. * **Rubinstein, Susanna** Ein individualistischer Pessimist: Beitrag zur Würdigung Philipp Mainländers * Eine Trias von Willensmetaphysikern: Populär-philosophische Essays * **Scheidemann, Philipp** Memoiren eines Sozialdemokraten, Erster Band * Memoiren eines Sozialdemokraten, Zweiter Band * **Schweitzer, Christoph** Reise nach Java und Ceylon (1675-1682). Reisebeschreibungen von deutschen Beamten und Kriegsleuten im Dienst der niederländischen West- und Ostindischen Kompagnien 1602 - 1797. * **Stein, Heinrich von** Giordano Bruno. Gedanken über seine Lehre und sein Leben * **Thiersch, Hermann** Ludwig I von Bayern und die Georgia Augusta * **Tyndall, John** Die Wärme betrachtet als eine Art der Bewegung, Bd. 1 * Die Wärme betrachtet als eine Art der Bewegung, Bd. 2 * **Wernher, Adolf** Die Bestattung der Toten in Bezug auf Hygiene, geschichtliche Entwicklung und gesetzliche Bestimmungen * **Weygandt, Wilhelm** Abnorme Charaktere in der dramatischen Literatur. Shakespeare - Goethe - Ibsen - Gerhart Hauptmann * **Wlassak, Moriz** Zum römischen Provinzialprozeß

www.severus-verlag.de

www.ingramcontent.com/pod-product-compliance
Lightning Source LLC
Chambersburg PA
CBHW051528230426
43668CB00012B/1778